连我心连

Heartfelt memories of my company

邓伍文 著

Deng Wuwen

美国华忆出版社

Remembering Publishing,LLC.USA

Copyright © 2025 by Remembering Publishing, LLC. USA

Heartfelt memories of my company
Deng Wuwen

ISBN：978-1-68560-160-7（Print）
　　　978-1-68560-161-4（Ebook）

Remembering Publishing, LLC
RememPub@gmail.com

连我心连

邓伍文　著

（全一册）

出版：美国华忆出版社
版次：2025 年 8 月第一版，第一次印刷
字数：152 千字

All rights reserved.+
No part of this book may be reproduced in any form or by any electronic or mechanical means including information storage and retrieval systems, without permission in writing from the publisher. The only exception is by a reviewer, who may quote short excerpts in review.

作品内容受国际知识产权公约保护，版权所有，侵权必究

目 录

书名题签 ………………………………… 武寿富

情真意切 妙笔生花
　——序伍文《连我心连》………………… 序一 甘成武 I
连队"大课堂"，名副其实
　——序伍文回忆连队之书 ………………… 序二 梅晓云 IV
一壶老酒
　——序邓兄《连我心连》………………… 序三 陈 平 VIII
连我心连，就是它
　——从试写回忆到改换书名的说明 ……… 自序 XIII

缘起，补交"作业" ……………………………… 1
见过指导员，当起新兵 ………………………… 3
说说离开插队的农村 …………………………… 11
夜岗，补课，长见识 …………………………… 18
当文书，试着挑担 ……………………………… 26
来戏了，演绝了 ………………………………… 34
"一鸣惊人"与"黑豆豆" ……………………… 47
连队副业，拉练花絮 …………………………… 54
人神不知与人神皆知 …………………………… 64
多行路，多读书 ………………………………… 77

辍而有学多"心事" ………………………………… 85
遇上"土八路" …………………………………… 96
连队解散有"热闹" ………………………………… 102
持续补课,似离非离本本 ………………………… 109
有一个人,有一桩事 ……………………………… 116
锦线串乱珠 ……………………………………… 124
各路"神仙" ……………………………………… 131
经历过了,再回味 ………………………………… 139

附录
离去福建的遐思 ………………………………… 145
同命的苦涩
　——杂忆为陈庆填词之事兼怀其人 …………… 151
流逝的零碎
　——杂忆小学时光 ……………………………… 159
八月半的回忆
　——身为"二代"的一段自述 …………………… 172
附录的说明代后记 ………………………………… 179

书名题签：武寿富（原副连长，现常住上海）

老指导员王德风,时年30岁,现常住福州。

右起:武寿富副连长、老文书甘成武、作者,在连队大楼前留影。

序 一

情真意切 妙笔生花

——序伍文《连我心连》

甘成武[1]

    伍文最近在归类整理军营杂忆,准备自排版配上照片,自费印刷少量,送战友们纪念,邀余为之作序。我原本才疏学浅,加上年老多病,面对伍文之情,恐有负重托,几次推辞,恳请他另请高明。他一再说我们是可以推心置腹的朋友,盛情难却,故写点感受充数。

    我和伍文先后入伍福州军区的同一个连队,先后调连部担任文书。相处五年,从相识到相知,共同语言多,也是缘分加深了友情,彼此相交甚厚。也许是遗传基因、成长土壤的作用,和环境的影响,伍文天资聪颖,记忆力强,50年前和他交往过的战友,连队发生的事他都能记能忆,能用语言文字或摄影图片复述复制出来,战友们常得以欣赏,常为他的记忆力称奇赞美。

    天赋虽然重要,但离不开学习、积累和苦练。伍文入伍前因"文革"爆发,初中一年级就休学。以文建荣的家风敦促他利用部队的条件,安排自学计划。工作之余,他寻找可读之书充实自己,爱和

---

[1] 甘成武,本连队老战友,早我三年于1968年春季入伍,在我之前任连部文书,又是无话不说的老大哥。他在部队提干,后转业至家乡政法部门,退休后常住江西南昌。对他,本书有一定的篇幅记述连队时期的印象,离开军营以后的交往,没有多写。

一些有文化品位的战友做探讨，阅读的方法啦，文章的体裁啦，练笔写作技巧。他几次参加上级举办的辅导、培训类的短期班，学一回提高一截。那几年里，他经常将自己试写的诗歌、对联、散文和论文，诸如读书笔记、批判稿、甚至是日记，私下与战友交流，在黑板报、墙报上亮相，与战友们分享。他担任过连队的文化教员，他自己也记得曾为老兵修改大批判稿，那可是66届的老高中毕业生，也是我的同学。这事自然赢得好评。五十年后的今天，伍文的水准仍被战友们看好，作品不竭，如流淌的清泉，经常出现在"战友群""炮司哥儿们"等微信群中，令人目不暇赏，美不胜收。

伍文兴趣广泛，敢于涉猎历史。他在如海的故纸中潜心，不仅为老爸老妈做书，《邓克生补编四种》和《不尽的思念》，完成先人遗愿。同时替他人圆梦，帮罗章龙老人整理遗稿，写出《西京兵变与前共产党人》及《绕不过去的点》书；帮李锐（曾担任过毛主席的兼职秘书、曾任职水电部、中组部）做过书；帮李普（新华社副社长）做过"自选集"；还帮其他人做过书，如《有容乃大》等等，都邮寄给我尝新。这些书，富有史料价值，为中共党史研究提供了正规资料。

从上世纪90年代起，伍文甘当战友间联系的桥梁纽带。天南海北的联络，从一纸通讯录，到后来开通电子邮箱，从制作光盘到后来微信群的建立，都离不开伍文的辛勤，常年频繁借助多种渠道和战友们保持联系。更有甚者，哪位战友变动工作了，居住地址变了，哪位战友出差了，哪位战友外出旅游了，尤其是哪位战友生病住院了，哪位战友病逝牺牲了……他都牵挂于心，及时通报大家的同时，用电话、信函、微信或亲临战友家乡慰问其亲属，甚至到灵堂、去墓地叩拜祭奠逝去的战友，点点滴滴，见着智商，也透着情商。

说来我们连藏龙卧虎，人才济济，策动个战友聚会，总有人乐于挑头，无偿奉献。伍文是其中一位，几次突出于战友聚会，能轻松地做到别人颇感犯难的事，鼓动呼唤，他最起劲。1996年4月，在北京战友鼎力相助下，他和另一位出色的战友段岳衡进京，并肩挑头，成功举办了老连队第一次战友联谊会。从那以后，隔几年一次的战友聚会，成为老连队的新排场，先后在福州、厦门、南昌召开，把战友们带回到那激情燃烧的岁月和魂牵梦绕的军营，让战友们年轻一次又年轻一次。

伍文新近自言，七十岁前为老人们、精英们、同学的父母们忙乎，替他人圆梦，今后该为自己玩书了。首先确定是为自己连队的战友们做书——《连我心连》（初名《杂忆连队"大课堂"》）应运而生。说干就干，这就冒出一位烹饪大厨，五十年前收集积累的连队生活素材，经他精心处理，添油加醋，烹饪出色香味俱全的美味佳肴来，让战友们回味无穷；这又添得一位工艺巧匠，连队生活不起眼的点点滴滴，容易被常人忽视的细节，他却把它当成珍珠捡起来，一经打磨串联，成了熠熠生辉的手串项链，成了一个个动人的故事，让战友们羡慕不已；继而钻出一位才艺兼能的多面手，利用电脑闭门创作，上网交流，操作轻松自如，修改得心应手，几番打磨，《连我心连》出炉在望。我相信，很快会见到一本图文并茂好看的书。

对于有追求的人来说，自然年龄纵然可以老，但精神状态不可也不会老，这样的人是永葆青春的。伍文是这样的人。希望他继续为连队战友们提供源源不断的文学艺术佳品，妙笔生花；继续策划聚会相见的机会，情真意切。我衷心祝愿陆续进入古稀之龄、耄耋之龄的各位老战友，健康长寿，也祝愿我们的战友情谊长存长青。

2023年9月19日于南昌

序 二

连队"大课堂",名副其实

——序伍文回忆连队之书

梅晓云[1]

去年年末,伍文布置"作业",命我为其回忆长文《杂忆连队"大课堂"》(改名《连我心连》)写点什么。不容推脱,忐忑受之。

连队"大课堂",名副其实。

伍文,好学生啊!走哪,哪都是学校,一辈子不离"课堂",又勤于写"作业"。相比之下,我真是惭愧至极,懵懂中走进军营,未及开窍,又在懵懂中离开,这中间的差距,大概就是"课堂"与"作业"了。

读完《杂忆连队"大课堂"》,我这差生算是补上许多落下的课,不由得对俺家那口子说,我这个当年的通信连战士,好像是假的。《杂忆》里记述的许多人和事,对我而言,都是新鲜的。报训主任

---

[1] 梅晓云,本连队老战友,电话站女兵。与我同年入伍,同年退役,她回到江西九江,后考入江西大学中文系,毕业后留校任教,后调西安,攻读硕士、博士,公派往印度、美国留学东方文学,退休前为西北大学教授、博导,常住西安。在连队期间,彼此几乎没有交谈过一句话。回到地方,成为各种交谈最多的战友,甚至在她留学国外时都未中断通信。她和她的先生,也是我们邓家兄弟姐妹们的好友,数十年友谊从退伍之后一直保持至今,邓家"诸文"这一称谓,就出自他们夫妇俩。

黄元星处理新兵打架事件，举重若轻，令人心生敬佩。那年月，以孔子语录作思想工作，真是超乎想象。老文书甘成武轰动炮司的精彩发言，一边读得津津有味，一边寻思当时的我上哪儿去了？档案袋中"红豆""黑豆"的秘密及其背后的故事，更是闻所未闻，不禁思想自己当年的袋袋里都装了些啥？读到"几乎天天守着指导员，三餐同桌"时，恍然悟到：怪不得一聊起连队，伍文就三句不离指导员。记得指导员生日时，伍文曾提议写点什么，我无奈地说：你与指导员有多熟悉亲近，俺与指导员就有多陌生疏远。的确，五年的兵丫头，愣是没和指导员说上过话。惟一一次因违犯纪律（在炮三师参加羽毛球赛，藏身放映队女兵取片的车厢油布下，擅自离营，在鼓浪屿"浪"了一天）被领导叫去严肃批评教育的，还是通信处尹副处长。感谢伍文的"作业"，用鲜活的文字再现了指导员的可爱魅力，于爱开玩笑的"不正经"中，见识了特殊年代一位真正经、有智慧的军队基层政工干部。

  说起好像当了个假通信连的兵，自然与连队的特殊性有关。女兵作为值勤分队的重要构成，吃住行都在机关大院里。伍文一再笑谈的指导员名言："多啥也不能多出一个人来"，这种物理空间的隔断，功莫大焉。记得 1971 年入伍之初，所有女兵都住在司令部大道旁的一座二层小楼里，一个个小房间，每间房住几个女兵，颇为惬意。然好景不长，脑洞大开的管理处崔处长很快就为女兵们安排了一个超有想象力的新去处——机关大院东边的玻璃花房。花房是大通间，从东到西，架子床一字摆开，所有女兵一屋囊尽。而花房的"墙"，则是一溜顶天立地、通透明亮的玻璃，屋里屋外，全无遮拦，一眼望穿。每到饭口，警卫排的大兵们雄赳赳地唱着歌，列队从花房门前经过时，我们就成了那道被观看的风景。而他们歌声从整齐划一到七零八落，声调由高到低的变化，自然也成了俺们观听的"风景"。

当兵五年，几乎干遍农场春种秋收全套农活：翻地、插秧、耘草、收割、打场、晒谷；种过树，砍过甘蔗，铺过路；后山盖新机房时，用胳膊粗的竹杠抬过打地基的青条石，做过泥瓦小工，挑着砌墙的灰浆颤巍巍走上脚手架。还记得第一次挑大粪，在狭窄的田埂上没扭几步，便连人带桶翻到地里，泼了满头满脸的粪水，当时的惊吓、慌乱与委屈，历历在目。感谢军营生活的磨砺，成就了我们日后工作、生活、学习的韧性与勇气。把不可能变成可能，那种来自心底的不气馁、不放弃的坚持，正是拜军营生活所赐。

感谢伍文生动而又戏谑的文笔，把"那些日子里生出的斑斑点点"都记录了下来：见面就给"下马威"的指导员；寡言少语热心肠的新兵班长；"一次投缘，数载相知"的连队大才子；把夜间哨位变诗词课堂的带岗老兵；让人笑破肚皮的震慑了"反革命"的批判稿；黑板报"一亩三分地"的故事；副连长出大彩的《第一次》；对女才子张聚宁的无厘头"棒喝"；偷听敌台的"五哥"；还有为家乡买拖拉机而背上处分的司务长，实打实做的却是"风起于青萍之末，浪成于微澜之间"的得风气之先的事；当然，还有咱们那个牛气冲天的"连队交响乐团"……

《杂忆》里还有些"二线"人物、"后台"人物，也引人动容：怜子之心深藏不露的父亲、只希望孩子们成为"自食其力的劳动者"的母亲、十七八岁去延安参加革命的艾姑、"文革"中死因不明的姑妈、在学术与政治中沉浮的哲学家杨荣国、甚至百年前长沙城有着世家之交的邓杨两家纸庄等等，这些穿插看似信笔写来，却因它们的勾连而展开了深邃的历史和社会纵深。眼前与后台，革命与未来，动荡与希望，父辈与子辈，士兵与干部，城市与农村，都在文字中醒来，站在了我们面前。

记得有一则"搅乳海"的神话故事，说的是众天神与阿修罗们用一根魔棒去搅动大海，搅出了许许多多的珍宝。最后，终于搅出了他们共同寻找的"不死甘露"。伍文的《杂忆》,恰如这神话中的魔棒,也搅起了我们记忆大海深处沉淀已久的宝物。这些宝物,越五十年的沧桑,依然熠熠生辉,其中凝结的没齿难忘的战友情谊,不也是我们一生寻找和珍藏的"不死甘露"吗?

  伍文的这篇"作业",肯定是及格的。我想战友们也一定会给出自己的评。

2023 年 2 月 23 日于西安

序 三

一壶老酒

—— 序邓兄《连我心连》

陈 平 [1]

断断续续读完邓伍文老兄的《连我心连》（初名《杂忆连队"大课堂"》），像是一壶陈年老酒，喝得我晕晕乎乎，每每忘记今夕何年。之所以出现这种状况，原因大概有：一、我俩有着共同军旅生涯，而且都是五年有余；二、我俩的父亲都是1938年参加中共的；三、我们所在连队都有不少干部子弟；四、书中涉及的人，都是熟悉的角色，指导员、连长、排长、班长、战士；五、涉及的日常生活场景，高度相似，集合、出操、唱歌、吃饭、熄灯；六、干部与战士，战士与战士之间的交往方式、语言方式、行为方式以及青春年华的单纯、执着、冲动，也基本相似。

为什么断断续续才读完？除了杂务干扰，主要还是读着读着就走神，跑偏，不断把我带回尘封已久的过往。人一开始回忆，就收不住，就思绪万千，直到把"雷同的电影"放映完，回过神来才继续，根本不能一口气通读，以致数次怀疑老年痴呆前兆？

---

[1] 陈平，大概念上的老战友，事实上的新文友。他迟我两年于1972年冬季入伍，并非同一连队，远隔千山万水，其兵戎经历文中有介绍。他退休前在山西省社科院供职，退休后常住太原。我们相识因缘在"书"，为朋友的书，敢于鼎力相助，只为当代历史留下一点见证。

邓兄在开篇就提出一个大疑问："该不该把连队的一段生活定为大课堂……那五年能叫大课堂吗，你学到了什么呀？"

我先回答此大课堂问题。那个年代流行一首歌曲，"解放军是个革命大学校，毛泽东思想红旗举得高……"，大学校就是大课堂，对于城市兵来说，进军营就摆脱了上山下乡，不用接受贫下中农再教育，大课堂会把你教育成任劳任怨、服服帖帖、唯命是从的革命战士。

我们好些同学，由于没关系当兵，到了广阔天地，按伟人教导去大有可为，他们起早摸黑，担水劈柴、锄草挖地、春播夏收，拼命干农活，最后因为劳累过度、营养不良，导致肾炎肝炎胃溃疡，甚至有两个同学因为扒汽车回家，一个摔成脑震荡，一个惨死在车轱辘下……

参了军，到了大学校大课堂，起码衣食无忧，三天两头有肉吃。

至于学到什么？我再回答这个问题：立正稍息、叠被子，你没学会吗？向右看——齐，你没学会吗？你学得很到位，不然现在为什么习惯性向右看？

我与邓兄有所不同，立正稍息这一套学得忒扎实，曾经当过队列教练，不但教新兵，老兵也教，关键是我把这些技能用在了特殊场所，而且有效地改善了生存环境。那是上个世纪九十年代初，在一处失去自由的场所里，我毛遂自荐，当上领队兼训导，没几天，学员们的整体面貌焕然一新，达到准军人状态。我还安排"同案"的傅国涌[1]巡视操课纪律，负责查看谁的动作不到位，踢正步时，指正达标动作；挺起胸高腿抬，抬高再抬高……天南地北，春夏风波，傅国涌后来也成了邓兄的好友。这是题外话啰。

---

[1] 傅国涌（1967.1—2025.7），浙江省乐清市人，教育学者、历史学者、作家，多年定居杭州，主要关注中国近代史、百年言论史和知识分子问题等。是陈平好友，也是我的好友。

邓兄在书中再现了许多生动的人物形象，有直爽憨厚，有聪明睿智，有不拘小节，给我印象最为深刻的是指导员王德风，他的风趣幽默，宽厚待人，处置问题老成练达，滑稽中也体现他的带兵艺术性。他们那个连队，一是技术强，二是女兵多，三是干部子弟多，当然还有不少农家子弟，这样的队伍文化水准悬殊，行为方式迥异，各种矛盾层出不穷，在王德风治下，却保持一派团结友爱、朝气蓬勃。最难能可贵的是，陆续转业退伍二三十年后，战友们在北京在福州聚会，老王头仍然是中心人物。

由王德风，想到我那刘指导员，带兵方略与王德风有几分相似，只是口才相去甚远，日常训话或上课，习惯性口语"这个"，念起报纸"这个""这个"成串。他是贵州兵，"这个"发音成"的个"。有一天，老兵郭某因新兵蛋子炸翅，忍不住发飙，吼着吼着就抬手要打人，恰巧刘指导员路过，只见他脸一黑，手一指：郭××！你想怎么"的个"？你要"的个"，我就"的个"了！郭××一听，立马认怂，耷拉着脑袋溜之大吉。

邓兄那个连队也有些不堪呐，"班务会后黄主任才怪怪地说了一句，谁叫你的肥皂盒最新，太显眼了"，连队怎么会是贼窝子？丢肥皂盒说明思想政治工作不是万能的。我们连队可从没发生过偷窃现象，就算老兵退伍期间，照样井然有序，互道祝福，互送照片，互赠钢笔，依依不舍……

有一个巧合，邓兄的连队拉练时，车在路上翻了，1970年的兵刘振国被压在车下连声高呼"毛主席万岁"。我们连队一次试车（咱汽车修理连，最后一道程序试车，然后交付），各班老兵油子借公干名，实去兜风。以往试车从未出过差池，不承想这次来了个马失前蹄：车轱辘居然跑偏，偏偏刹车又失灵，试车倒翻在马路边，一车人堆成一团，嗞哇乱叫。救护车赶到，把哭喊最凶的几个先拉走，剩下几个坚强的革命战士，真是个个伤势惨重。其中孟××，嘴角冒着血沫念叨：先救他们！先救他们！龇牙咧嘴地哼哼"我没事、没事……"结果，他壮烈牺牲。

说到办黑板报，邓兄显然比我高出一筹，他玩得图文并茂，富有诗情，带有傲意。我那黑板报，比较呆板，除了花花绿绿小花边，就是抄语录、抄报纸。唯有每期右下角刊出好人好事专栏，读者络绎不绝，成为特色，引得上级领导时常光顾，连队头头更是每期必看，获取资料信息，掌握活学活用的典型事例，以资适时表彰，鼓励合拍的能量。

起初没人在意黑板报价值，随着连锁效应兑现，嘉奖、入党，甚至提干，令渴求"进步"的战友们高度重视，他们开始为主编我倒水递烟、擦洗板报及边框，我当然来者不拒一律笑纳。直到有一天，居然塞来整条的香烟，我一下怔住：这档次烟可不是开玩笑，三块九一条，你一月才几个津贴，一下子干掉半个月的！你小子递一包来，没准我还要犹豫呢，哗地就给一条，断然超出正常承受能力。我立即低声呵斥：揣起来，你妈的，不要命了，滚！他吓得打个哆嗦，揣起香烟极为沮丧地走了。事后，我找个机会训他，他嗫嚅着说：陈班长，我快退伍了，入不了党，别说没脸见家人，连说好的未婚妻也会吹了，你就行行好，帮帮我吧……说着说着，两行泪水顺着那张苦瓜脸扑簌簌掉下来。"哭什么哭，别人看到，还以为我欺负你呢！"他又忙不迭拭去眼泪，苦兮兮地盯着我，像是盯着如来佛祖。我动了恻隐之心：让我表扬你什么呢？你说说。他低声答：真不知道怎么才能登上你的黑板报，才求你。你想，大家都在学雷锋做好事，我已经竭尽全力，就差没有累吐血，可是，你老是采访班长，从来没有正眼看过我，也就上不了你的黑板报。

后来，我给他出主意，让他熄灯一小时后起来打扫厕所卫生，那个时间连长指导员查完铺查完岗就要睡觉，睡前他们必然如厕。我还特意叮嘱：没人来解手不许走，来人不许搭话，不许看他！

果然不出山人所料，一天晚上，这个无名英雄被营教导员发现，在全营大会狠狠表扬一通，加之平素老实巴交，退伍前如愿以偿，光荣加入中国共产党。

自从入了党，那家伙没有敬过我一支烟，偶然碰到时形同陌路人，招呼也不打一个，退伍后没有给我来过一封信。这样的党员，人才呀……

军旅生涯时，我和邓兄一样，写下好几本日记，从《连我心连》摘引的段落不难看出，他的日记远比我的日记质量好，他记录的人与事充满部队生活气息，富有人文、人情味儿；我的日记则与雷锋日记风格相似，每篇都是自己干了哪些好事，每篇都是学习毛著心得体会。不知道当时怎么想的，也不知到底想写给谁看。以至于时至今日我依然把日记本压在箱底，不忍翻看那些令人尴尬、惨不忍睹的文字。说心里话，不计任何代价、苦心经营、累死累活，就为了那张党票，结果时隔十来年，一场"风波"之后，还被开掉了。谁来说说，部队这五年多，脸上起皮，究竟涂得什么！

不瞒读者们，除了档案袋里装着点有关部队资料外，现今我与战友们完全浪里个浪，战友微信群也退出，没有一丁点联系。不是我冷血，因为彼此不再是同道人！我们这一代人，应该有智能、有勇气洞穿"这个时代的许多真问题"。（傅国涌怀念李慎之先生的话语）

伍文兄请我为《连我心连》作序，可能是他的失误。我的"序"，乍看留有余地，譬如性压抑、女兵底裤等，通篇不好意思落笔，细看充斥着不合拍能量，因而用也罢，不用也罢。不过还是大声道谢：老哥俩一壶老酒，无意间撕开人生的创伤，戳中同时代人的痛点，不堪回首正青春！

2023 年 12 月 31 日初稿，次年 3 月 3 日改定

自 序

连我心连，就是它

—— 从试写回忆到改换书名的说明

　　取材于老连队，自写自编带自印，出个小册子，已经不是第一次。小册子能否算个出版物，先不忙自诩。看看结果，或属独一份。怎么独成一份的，今儿就自我检点一番。

　　1976 年退伍时，带回一批东西，记着连队的七七八八。随后几年，战友间来往、通信，又增加了存货。1984 年进入省级新闻单位后，跟大伙联系超方便。有一回，三个湖南籍的战友联手，不小心玩了一次战友大聚会（"紧急集合"于北京）。那是 1996 年春天，国内各种聚会的风潮还没兴起，我们连老战友抢先迈出第一步。这番折腾，出自老连队的素材，陡然新添不少，心里开始发痒，想弄个小册子。

　　当时的办法，戏称复活"军人墙报委员会"，请大家写，自己也写。如何编，如何印，只有靠电脑与打印机。能耐虽有限，却不在乎出丑。2009 年 12 月，手工版的第一个小册子——《把美好回忆留到今天》，作为祝寿礼品奉献给老指导员。感情建在连上嘛，开心就行。那小册子挂名"通信连军人出版委员会"出品，托名"六四分队印刷总公司"印制，带自嘲性的，只做了二三十本，仅少数战友拿到。

　　不说反响如何，致命的弱点文意松散，感染力有限。到了当今的时代，互联网世界，手机微信铺天盖地，小小屏幕随时图文并茂，远超纸质的小册子。咱老连队"墙报小组"到"出版公司"，还是得凭借电脑、打印机站好"最后一班岗"。

为了"最后一班岗"，2014年春天，我在厦门与叶宁商议，准备分工合作，为老连队做一本纪念册。原定两年后上马，单等他退休就细化落实。万万没料到，天意不作美，叶宁老友于2015年4月突然病逝。从此，为连队推出新的纪念册，就成了我背负的一笔债。人人都会老去，天天徜徉归去路上，正因如此，时不时就泛起"还债"的思念。

时间来到2019年秋后，战友们有过一次南昌大聚会。说是同一连队老战友，严格讲又分两拨人马，因为老连队奉命撤编，两三年后又重新组建，毕竟有老有新，能听到"我们连""你们连"的互称。看到聚会后编印的纪念册，可惜美中不足，操办者一板一眼地接受市面上的商务运作，大失特色。若重回"我们连"，绕开众人踏过的路，想点子自己动手，又会咋地呢？

老指导员王德风发话，"我们不抢人家的戏嘛"。甩下这句，就别有一番意味啰。

慢慢找感觉，琢磨出一二三，动手敲键已进入2021年2月。有过一堆旧稿，新列出提纲，人归人，事归事，挪来，扯去，借用什么，补写什么，怎么揉捏，怎么拼凑，找好对接点，串起散落珠珠，续篇估计会达十来万字。说好了，成稿交远方的一位编辑老哥，任由他（主办一份电子杂志）改编选用。本是早就答应的，提供刊用，人家有言在先，咱就借风扬帆。只待文字先行出趟，过后嘛，再配些图片，不难进入自排书版。一整套的算盘，似乎胸有成竹，迟早玩他个"独一份"的连队纪念册。

三年前的小算盘呀，信心满满，准备一鼓作气拿下纪念册。三下五下过后，不承想竟演变成一步三回头，妥妥地自吃闷棍。几度灯下敲键，几度抚键沉思，虽说有断有续，好歹见着小样。前后历经年把有余，《杂忆连队"大课堂"》长稿收尾，转入慢工细活，传战友文友们看看，或整篇，或选一两节，听听大家的意见。好似咕咕流水，放入渠里缓缓地淌，先别溢出去。再怎么地，也得保证源头清澈，把泡沫涤除漂净。

这里说的听大家意见，既是经常联系的战友，相信众人拾柴火焰高，又是近年交结的各路写手。三人行必有我师，虚心求教文章高手、编辑能手，一字之师，越多越好。还真是"各庄的地道都有高招"，来来回回，各种指点频频。好在尚无人泼冷水，我心中也渐渐踏实许多。

介于私人回忆与群体纪念之间，落笔的焦点凝聚于曾经的真实，主导的念头只是尽力写活记忆中的往事，为动荡岁月里的军营一角，留下几页真实记载。

先前有过零散之笔，凑一堆，掺和着兼做适当调整，用不着面面俱到。懂得忌讳，把握直抒，匿名虚名，换真名实姓；若逢例外，则加以照顾（总有不愿或不宜的）。舍之不得的真实细节，务必打磨清晰。不在乎成书的意义大小，能让不可复制、不可再遇的时代与环境，再度呈现于开阔的视野下，心满意足。用真的美的善的合奏，去完成新一款的小册子，谢天谢地。

想清楚了这层，如同吃下定心丸。

检点手头新旧文字，从中竟察觉，早已偏移预设的中心题。哪里是我的"课堂"，哪里不是人生的课堂。原拟的篇名，反映原先的思绪，换成今天的心情，应有今天的表述。

既然如此，一直在我手写我心，顺理顺势，凝练到"连我心连"更为恰当；连，特定的军队编制单位；连，动态的挂靠用词——因有连，连容我；我有心，心在连……

——《连我心连》，就是它了！

总得打扮打扮，最好打扮成正式出版物。

按业界标配，请尊敬者赐序万不能马虎。真诚恳求，耐心等待，终于收到喜悦的硕果，甘成武、梅晓云、陈平三位，亦师亦友，三篇序言情采清爽，令人愧领嘉意。还有欣然题写书名的武寿富，年逾八十，戎马情怀不减当年，挥笔犹显劲松不老。至此，深深感谢上述各位战友！

如果有一天，重新打扮的连队纪念册，有着酷似正规出版物的模样，能在长城内外的军旅战友中博得青睐，甚至远隔重洋也有知音读者，能被华夏社会不同的图书馆收藏，顺利进入华语世界的琅嬛福地，"独一份"喜获荣光……

谨盼着这迷人的光灿灿，跟大江边的秋水落霞一样绚烂。

最后，衷心感谢热情鼓励、提供帮助的每一位老战友！同时也感谢各方的文友！恕不一一鸣谢，祝愿人人万事大顺！

草草回眸，是为自序。

2024 年 8 月于南京

缘起，补交"作业"

2021年开年不久，恰逢入伍满五十年，我开始逼着自己必须当真，当真地去记写连队的生活。虽然腹稿了几十年，点点滴滴拉拉杂杂扒弄出几篇，此番重新拉开架势，先就抓住好日子——2月15日，颇有一番"拾掇起那串珠粒"的当真劲儿，于是诗意般地敲出第一段：

> 十八九岁的五年，天地熔炉一课堂，回首时刻，春风不再了，难寻秋实了，伸手抹一抹雨露飘洒过的痕迹，一丝一滴之间，得其滋养，圆润干瘪，惦念着，惦念着犹能记住的一串日子，那些日子里生出的斑斑点点……[1]

不含糊，由此开始马拉松式的敲键。

一年之后，第三次大翻改，重新酝酿主旨结构，一度踌躇于"课堂"二字，最终定位寻味，依旧不变——

起点，1971年2月16日那天上午，十八出头的我穿上了新军装，午后到连队，到新兵班，让把五星帽徽红领章佩戴好，算是正式参军。五年后，1976年的3月下旬某日，在夜色中告别福州，乘

---

[1] 全书所有的引文均用楷体字，除清楚交代了出处之外，均系个人旧文，不再注明所引的篇名。

车往北，兵役到点，人生一站，下得车，返回父母身边。

一晃，五十年了。二十上下的那五载春秋，在一生中，该怎么说它？

——如果套用年龄段，差不多可以对上接受"高等教育"，并有个像样的文凭与学位的年龄段。而我，小学教育尚完整，进中学第一个学年的期末考试，应在 1966 年 6 月，偏偏被冲掉了，哪来的中学完整学历呢。所以，截至 1976，十年光阴，正常该享有的基础教育，该选择的大学专业，全飘到九霄云外。被提供的课堂，先在田头，又在军营，年轻轻的我，毫无思想准备，懵懂中走进去，晃悠悠走出来，从第一课到最后一课，好像没见布置过作业，又好像留有一大摞作业。熬成白发苍苍的老人了，该交作业了吧？

——是的，是交作业的时候了。

不管是新题目还是旧作业，起跑线恰逢农历的年尾年头。

找准日子，划杠杠，2021 年的 2 月头里，先有过《每年这一天》的急就章。由入伍后的首个 2 月 7 日说开，咕噜咕噜一大通，连队啦，指导员啦……

接着是 2 月 14 日，又跟远方的一位老哥煲话，蹭起情人节，"卖掉"一男一女俩老战友，灯下速成《这日子忘不掉》，速写五十年前与二十五年前的两个 2 月 14 日。

两个 2 月 14 日，前者，我入住军部招待所的日子，军营生活的起始点；后者，仨战友跨省夜商重聚首，忽悠起"感情建在连上"……

有急就章，加速成篇，再附上旧文字老照片，连夜转发微信群。

15 日一觉醒来，各方回复热切，战友、文友，急急地通话，抛递启发，捅开感觉，嗨——这不，捡一捡现成的"杂碎"，倒一倒肚里的"葫芦"，补上几笔，趁着一脑子热乎劲儿，敲键，码字，码字敲键！

见过指导员，当起新兵

记得那天上午，是1971年2月的16日，我穿上崭新的军装，浑身一股子被服仓库的气味。午餐后回到军部招待所小屋里，和衣躺下，还没闭上眼，进来一老兵，点着名让我跟他去连队。一瞬间，与同屋的哥哥、弟弟告别，从此咱仨便开始各奔前程。我将要去的连队，全称是福州军区炮兵司令部通信连，代号64分队。

那老兵是连部的通信员，领着我，走出招待所百十步，就是咱连队的菜地了，听得一声"指导员"，垄间蹲着的那位站起身来，招呼我走近些。"你就是新分到我们连的新兵？"接着又问了几句个人的基本情况，突然一把抓住我的手，翻过掌心，没使个正眼瞧，就甩出一句："老茧都没磨出来，还敢说接受过贫下中农再教育？"照着我的掌心，"啪"地一下，瞪圆了眼珠子："哼，逃到我这儿来了，等着吧！"

手一挥，他招呼通信员，让三班长来。哦，就算是把我分到了新兵排的三班。初次相见的第一面，指导员甩过来一棒喝，我这新兵蛋子几乎懵了：田头大课堂和连队大熔炉，都是以磨老茧来论真格儿的？

那一年，我在农村插队已两年。刚过18岁，转眼就遇上这么个指导员，心里不免敲小鼓。他的大名王德风，说巧也巧，跟我小学时四五年级的班主任老师同名同姓。私下一打听，王德风的前任杨指导员，是"副统帅"接见过的"全军优秀指导员"，从下面炮连调上来的，不熟悉、也不适应通信连队的一大套，很快就换人，由本连队老人来挑大梁，另一层意思，自然是要更上一层楼。

当时我满脑子装着父母长辈们告诫勉励的话，特别是将要离家的头天晚上，又有部队里在职的表哥来送行，他们引用起导师们的伟大教导，左一句右一句自不必说，那军官还一字一句地引用"副统帅"谈人生二十上下最最关键的一段话，更让我铭记于胸。这下呀，双脚踏进连队营房，五味杂陈正等着呢！谁都知道，连队的指导员几乎就是一切的一切。把轻重点穿了，百十颗"二十上下"的心灵，全拴在"指导"者的言传身教上了。往后的日日夜夜，能容得你慢慢敲小鼓吗？

事后回想，天下指导员们的"言传"不就是耍耍嘴皮嘛。五年军营生活，没摊上第二任指导员，连长倒是摊上了三任。成百成千个白日黑夜里，作为全连第一嘴皮子的王指导员，正腔黄腔，可算开足了，说了无数的话，也有说过无数遍的，若有谁问老王头的什么话给你印象最深，我会毫不含糊地立马道出，我永远记得他的三大名言——

"只要炊事班天天早上炸油条，连队什么思想政治工作都不用去做。"这头一条名言不难理解，连队当家人嘛，心底最清楚"食为天"的分量，你领着大伙儿，是忍听一堆人肚皮咕咕叫，还是干凭一副嗓子哇哇叫？天大的理，也就这码子事。

其二叫"咱连里多啥也不能多出人来！"这话也不奇，带上一个连的大男兵，就够头疼的了，再添上一群女兵，个个青春正当，"多出人来"，那可不是闹着玩的。

第三句乍一听可有点儿费解："谁管你一辈子？出了连队，自己管自己去吧。"那本是中央军委推广沈阳军区一位"模范指导员"的先进经验，说什么不但要管好战士的一时一事，还要管好战士的一辈子。咱指导员看不惯那种说大话、说空话的，直冲冲地发起牢骚："人家还要活几十年呢，谁管得了呀。"

有关这位王指导员的故事，早装满了一肚子，今儿先丢下"三大名言"，实打实的篇章且按下不表。不过，得先请各位记住：我一辈子所遇见过的忒能开玩笑的，排第一的非王德凤莫属——早成了板上钉钉的基本印象。我们连的男男女女，对指导员有过各种评论，最精彩的一句莫过于——"他这人呀，不是吃白米饭长大的人，是靠摇头丸养大的"——就这桂冠，解放军的行列里，不知道能否找出第二顶。一切的一切，待以后慢慢道来。[1]

　　说起来，我有过整五年的兵龄，却从未进入正式编制的班排里。穿上军装在新兵排，新兵排一解散，就去报务集训班，仍是个短期临时的。半年后，一班人学成无线电员，参加战备值勤，而我的发报总不过关，只好改当连部文书。直到脱下军装，能以战士身份叫声"班长"的，只有三位。第一位是萧厚树，他是我的新兵班长。比起后来报训班的两位班长，萧班长给我留下更清晰的印象，恍若就在眼前。

　　我在新兵排拢共没几天，尴尬事竟接连不断。先说当上新兵的头一天。那天上午，就在司令部大院里，有位军官（司令部秘书徐清）领着，体检、领军装、吃午饭，像是远道来做客的，客随主便，顺当得没处操心。一转身，午后了，走出司令

---

[1] 在此须插几句说明：全篇十八章，立意以第一人称记述连队的多彩生活，指导员无疑是头号重点，但拟定的主题是自身经历中的难忘片段，文中写出的指导员显然不足以再现他的形象，只能是五载时光里眼前闪亮过的斑斓，心中热烙过的痕迹。所以，概然许下"以后慢慢道来"之诺，尽力重现活灵活现的指导员，但愿在64分队的余晖中再立身影。——编书时补加说明

部，被领进直属连里的新兵班，立马傻了——朝哪儿站，往哪儿坐？往后怎么说话，怎么走路？还有厕所、饭堂在哪儿？怎么进，怎么出？——人地生疏倒还事小，军人的集体，军人的规矩，你懂吗？人生从这一刻起，跟昨天、跟上午完全变了样。看看身边，只有这位班长，他成了唯一可以依赖的人。班长的冷热温暖，自然笼罩着新兵的前景。当时，我只记住他是三班长，出口便叫他"班长"后来知道了他的姓名与职务，却改不掉叫"班长"的口。

我们那一屋子新兵，有两个班。我新来乍到，抱着刚领的一大套全新被服，除去穿上身的，还有一堆，愣不知往哪儿放。看到地铺收拾得齐刷刷的，听说人家已经集训两个月了，暗自嘀咕起自己跟大伙的差距够大的。萧厚树叫来一位北京籍的新兵，叫王顺云，指定他"一帮一"带我，让我时时事事跟着他，吃饭、睡觉、站队、上课，我俩寸步不离，大小规矩，由他在耳边叨叨，从钉领章帽徽开始，打背包要"三横压两竖"，到夜里站岗、紧急集合。自那天下午起，班长近在咫尺"遥控"，看着王顺云手把手教，我一遍两遍地学，班长他不多说话，"懒"得插句嘴来给我单独补课。我俩哪知道，萧厚树本人并不是班排士兵起步的，他自己也是个学生兵，从学校到军校，通信兵校毕业，作为技术骨干分到我们连，早已提干了。后来，萧厚树直白地说：你们两个城市兵，机灵对机灵，还用多讲嘛。

新兵头一天，真不顺当。第一顿晚餐，我手头没餐具，班长帮我去借。放下碗筷，他说带我去军人服务社买，问我身上有零钱吗。我很尴尬，因为我们兄弟仨一起来投亲戚当兵的，上午我和哥哥如了愿，中午就把口袋里剩的零钱掏空，全塞到弟弟手上，让他好生回家。我们真信了出面接待的那位军官的话，到连里，就会发津贴的。谁知班长带我去见司务长时，说单个来的新兵的津贴得下个月补。这刚月半，只有另借。班长又去找人，咕噜了几句，把一张钞票递给我，一同去买了餐具、牙刷、牙膏、肥皂盒等，这些日用品部队上全都不发，得自费，当初我们并不知道。最后还买了几张邮票，加上军用的信笺、信封，借的钱已所剩无几了。办齐了这些事，步行回连队，班长又叮嘱写信的规矩、落款的代号。从此以后，在军营里再也没和他有过这么多、这么细的个人交流，他本是个不爱多说话的人。

今天回想起来，这番意外的尴尬，对我也算是意外的收获。因为当指导员把我这个迟了两个月才入伍的后门兵交给萧厚树时，顺便交了底。然而从他的口里传出去的，并不是什么大首长的阔亲戚，什么干部子弟，仅仅是个"身无分文"的城市下乡知青，这对于多少知道点儿"夹着尾巴做人"的我，还是有利的。

新兵的第一夜，我睡得很实，没有多想家，可能是感觉到班长和新战友很亲切，也可能是连日少眠，终于可以踏实睡一觉了。一周前想都不敢想的事，摇身一变，今天到位了——9号下午还在生产队里挑土挣工分，撂下扁担就告别村上人，这才16号呀，竟然梦想成真了！狗崽子→可以改造好的子女→解放军战士，人生"三级跳"，说变就变，几乎容不得你多回味。

天一亮，就开始参加队列训练。按高矮个头，我应该靠前头，可排头兵是压阵的，站第一第二事关全班的队形，我一新兵，被班长调到后面。一个"向右看——齐"，我眼光会越过一溜帽顶；听到口令，动作跟不上，难免出点小洋相。大洋相呢，发生在饭堂里。有一天吃菠菜，南方的菠菜以前没见过，高有一尺多，主根茎比筷子粗，切开一炒，一段根茎就成一截绿色管子。小管子是空心还是实心的呢？引起了我的好奇，舀起一根两寸长的，衔在嘴里，使劲吹了吹，嘘——的一声尖叫，惊动了全食堂，所有人的目光都投向我这个最新的新兵。我压根也没料到，这绿管子是空心的，灌进少许菜汤，正好可以形成气流震动。萧厚树坐在身边，看得明白，站起来向大家作解释，指着我说："小新兵，就是调皮！"我忙解释："班长，我不是故意的。"他指指饭碗，"没人说你故意的。吃饭！"这洋相不小，"饭堂里吹口哨的小新兵"一时间成了老兵们的笑柄。

新兵排解散前，临时担当新兵排长的武寿富，对全体新兵们有一番列队训话，中心意思是从明天起，你们将面临如何向老兵们学习、如何尊重老兵了。在他口中，人到了连队，还不算进入革命大熔炉，只有和老兵朝夕相处，才叫真正进入了大熔炉。听他这一讲，老兵们的可敬可爱，个个赛似活雷锋。他有一段"亲身感悟"，我印象特别深，说是他参军十年，换下来的脏衣服，从来不敢多放一会儿，稍不注意就可能被人拿去，帮你洗掉。你们新兵可不能让老兵代洗衣服呀！其实，话中有话，不明就里根本听不出含义。

随着指导员一声令下，新兵排一解散，成立了报训班。一个班十来个新兵，从热闹的三楼搬到顶层的五楼，拾掇完毕下楼就餐。早餐回来，我发现自己的肥皂盒没了，立刻报告主持集训的黄元星主任和新换的周秋莲班长，他们会意地笑笑，说开班务会时提一下。开班务会时，他们提醒大家，保管好自己的东西，顶楼冷清，容易丢东西，平时要留人，出操时留一个人整理内务兼看家。他们并不提肥皂盒的事。班务会后黄主任才怪怪地说了一句："谁叫你的肥皂盒最新，太显眼了。"

晚上熄灯号以后，我开始在床上辗转反侧。前几个晚上在三楼睡地铺，被窝挨被窝，你挤我碰的，不敢随便翻身。上到五楼改睡上下铺，一人躺下两边空着，睁大眼望天花板，翻过来覆过去不会有人察觉，陡然有了可以胡思乱想的条件。我琢磨起黄主任的话，心疼自己没零钱，不够再买个肥皂盒……糊里糊涂，渐渐睡着了。成了老兵以后，和武寿富熟了，他已当上副连长，重提这段事，他笑笑："那是说给你们新兵听听的呗。"再往后呢，重逢时当笑话重提，到底谁笑谁，闹不清楚了。而和萧厚树熟了以后，聊起来，也会说起部队里从来不绝"稍不注意就被人拿去"的事，小偷小摸，防不胜防，尤其是新老兵交接期间。"学雷锋，做好事不留名"成了调侃语。五年间，第二次遭遇物品丢失时，嘴边便泛起一丝微笑——咱又"学雷锋"一回，人家还是"不留名"呀。

在报训班里，有一天，同是新兵的李公平和陈贵亮打起架来。开课时，全班坐定，等着报训主任黄元星训话。看着他面向黑板拿起粉笔，我以为会来一段毛主席语录，出乎意料，黑板上渐渐显出：夫君子之行，如日月之食，行之，人皆知之；更之，人皆仰之。（这是牢牢记得的板书原话。查孔子原文应为：君子之过也，如日月之食焉；过也，人皆见之；更也，人皆仰之。）他念了两遍，没有多解释，压根没有提打架的事，更没有批评谁对谁错，说一声"上课"，立即进入日常训练。

成老兵以后，我向老黄讨教，他说起他当新兵时，通信兵学校的教员有一套"拿手戏"，每次开课前念上一段《燕山夜话》，将广泛的文史知识灌输给新兵。"文革"一来，那教员再也不敢伎重演了。退伍以后，我和同班受训的胡成民说起这一段，由衷感叹就咱那通信连，真藏龙卧虎。退休以前，在福州我见到了黄元星，又说起这终生难忘的一课。我总想写下这一段，作为人生值得回忆的一幕，同时记住战友情谊中如水一样的平淡、如水一样的清纯祥和。2016年6月的一天，我在战友的微信群里写出这段小故事，胡成民立即跟帖：

伍文记忆力超好！当年黄元星当我们报训班教员时，在处理李公平和陈贵亮打架时的方式很快使风波平息。以至于后来再没发生过类似事情。黄元星给我的印象温文尔雅，对我的帮助很大。至退伍后曾有过电话联系，但一直没见过面，也不知近况如何，还是很想的。

我随后再跟帖："连队的故事实在太多，想起一段，就想写下来。黄元星的风度，用语言描绘颇难。报训班时，他给我们的印象，比王德风还深。"我还加以小发挥了几句：

是与非，如果按照处理"两类矛盾"的"最高指示"，那是一定一定要分清的。都挥拳打开了，压根不去分析什么是是非非，做人的涵养呀！黄元星的"这一课"，让人嚼味到今天。

说说离开插队的农村

我是个后门兵,走的哪门子后门,事涉如何离开农村,事涉家族历史,这篇文章如果不交代清楚,显然过意不去。那么,话分两头,各表一枝。

我曾写过一篇再话"文革"岁月的文章,副标题是"从插队到离开",不妨挪来(且省略几段)说说这事儿:

"文革"前,我父母亲都是革命干部。"文革"一来,父亲成了江苏第一个"畏罪自杀"的高干,1966年9月初,出事那天,我在半夜里被大人叫醒,从此成了"狗崽子"。父亲幸运地被救活。刚缓过神来,他就给省委写下两大页纸的"报告",一开头就说自己"对党犯了重大罪行"。多年以后,我读到这份东西,父亲落笔的日期正好是我14岁的生日,是"生日礼物"吗?——到今天我还在追问呢!

……

可我们家另有遭罪的事——1967年的12月间,远在西安的姑妈突然死了,死因不明不白("文革"结束后由西安市委平反,是"自杀"还是被打死,没有查实,就说是"被迫害致死")。我弟弟叫乐文,一岁半时送给姑妈当养子,姑妈死时,13岁的弟弟正好在南京,在我们家住着。住到第二年开春,我哥哥尚文,就送乐文回西安。但西安已无家可归,我姑父级别很高,是

"61人叛徒集团"里的"大叛徒",很快被陕西省军管会收监了,相当于进了西安的"秦城监狱",家里的老保姆被赶回原籍,从此弟弟孤零零的,天天守着一间小屋,日夜没个大人管他,洗衣弄饭啥也不会,到月头去领一把饭菜票,挨着食堂度日,不许他遭饿死,当然也没个学上。

进入1968年,我们一大家子的概况是:父亲是戴罪之人,母亲是走资派,他们天天被监视着打扫卫生、下基层劳动,入秋后分别去了省、市的"五七干校";大姐是没分配的大学生,去安徽的军垦农场劳动;二姐、三姐是67届的高中、初中生,10月里去内蒙古和苏北宝应插队了;哥哥是66届的初中生,11月份去苏南丹阳县插队;弟弟远在那不叫家的"家"中;南京的家里只有我和妹妹,还有一位孤身老人,战争年代她掩护过我母亲,在外地退休后无亲无友,就寄住在我们家。

……

哥哥去丹阳不久,我就去他们村上看他。他那一大套长期打算,立即成了我的范本:照样画葫芦,先在同学中物色"一家人";离家生活的必需品,写在纸上,一件件落实,备齐。学校还没动员我们"最小"的这一届下乡,我已准备得差不多了,等名单一公布,自己去迁户口,平平顺顺的,1968年的最后一天,真实的一员新农民。

这一年年底,我们一家人,散落九处,天涯各一方。

"文革"初期那几年,我们家的情况,我下农村的情况,不比千家万户的中国人、我的同学们有半点优越。下到农村不足半年,如何上调回城的心思便渐起渐浓。两年内眼瞅着三批上调,说走就走的老插,单身的全回城,一个不留;同年来的新插,选出一批上煤矿;还有不满16岁的小插,抽回去重上学,也是一批。什么时候会轮到自己呢?无处窥视,无处琢磨。两年里有过两次公开的征兵,报名有硬杠杠"插队满两年",知青中应征走掉的,没听说一个,能走的全是农村娃。到了1970年的下半年,找门路当兵的风越演越烈,时不时就听说谁谁谁找什么亲戚当兵走了。尽管各种方式当兵的数不胜数,可我连想也不敢想。要说门路,过得硬的军队亲戚,我们家可没听说有呀;要政审,父亲"自杀叛党"绝对通不过,三四年里每逢填表,"家庭成分"一栏,我可是连"革命干部"都不敢轻易填,就写"干部"两字;要体检,自己瘦弱不堪,开始闹关节炎,咳嗽曾咳出血……一大堆想想就怕的"噩梦",让你睁大眼都不知道盼何方有贵人呀。

  我在想什么呢?两年的农村,已经"摸"到"活法"了,我和哥哥的算计差不多:首先,家里每月给多少钱,已稳定持衡;自己能挣的工分,来年争取把口粮、柴草称回来就行了,自留地嘛,能种一点是一点;其他的,顾及不了太多。我俩盘算起远游,因为不抱短期回城的希望,国内外形势又不会大变,农村人时间自由,不用请假批准,所以我们开始把名山名城排排队,先去哪里,再玩哪里,明年什么时候走什么线路……为了这种"活法",哥哥从丹阳步行穿过金坛、溧阳,来到我的村上,我俩悄悄商量着,不想让也不会让父母知道。我俩以为在农村的日子还长着呢,守着土疙瘩,望着山山水水吧,做梦也没想到"天上馅饼"快掉到嘴边了。

  时光不觉已是1971年的农历正月头,1月27日的春节已过得没个节日气息。我们生产队靠初十开的工,说是干活,见男不见女的,活不轻不重不紧不慢的。元宵前一天,9日的下午,队里几个人在田里边说笑边挑土,农民芮青伢指着大路叫起来:"你家弟弟来了!"我以为他开玩笑,扭头看清了,扔下扁担簸箕就奔大路去,弟弟迎着我大叫:"快!回去当兵去!"

问明了情由，当天晚上只做了一件事，把草屋里所有的东西，分出带回南京的与留给知青朋友、农民朋友的，逐一交代清楚。第二天一早，兄弟俩一起乘车回南京。后来，我爱说笑，扔下的簸箕扁担，应该还在田头，什么时候得找回来送知青博物馆去……

　　说来有趣，前不久我收到父亲的一封信，就是谈找门路当兵的事，读罢几乎让人绝望。话题由哥哥惹起的，我们知道父亲在干校里得到"宽大"，被宣布由"敌我矛盾做人民内部矛盾处理"，哥哥就试探性地问过父亲，是否算"解放"了，家里是否有当兵的门路。父亲回信，也寄了同样的一封给我。父亲的信不长，先是赞许男儿以身报国的血性，接着讲革命前辈徐特立的故事。抗战一开始，徐老是八路军驻长沙办事处的主任，长沙很多热血青年想参加八路军，想去延安，徐老很热情，想尽办法送他们去。徐老儿子也想奔延安，直接向老爹开口，可徐老很冷淡，让儿子自己想办法，别依靠老子。后来，徐老的儿子终于自己去了延安，加入共产党的队伍。父亲的信写到这里，没有停笔，继续说："我不敢自比徐老，只是希望你们向徐老的儿子学习。"这段话，特别是引号里那话，打入我心底，像火铸刀刻的，磨灭不掉，至今字字在胸。

　　父亲毕竟是父亲，怜子之心深藏不露。他在信结束时，鼓励我们在农村踏踏实实地干，又轻轻地续了一笔：事情总是车到山前必有路，船到桥头自然直嘛。

　　傻傻的我们哥俩，并没有读出老爸话中有话。为了送子参军，父亲已经在联系亲戚了。不过，触发他那样做，还不是为了我和哥哥，而是想把弟弟送到部队去锻炼，弟弟已让父母亲操心操到了百般揪心，百般无奈。

　　弟弟到底怎么让爹娘操心的，说起来篇幅太长，且省省吧。

反正我那篇"从插队到离开"的破烂文章，在朋友间传开已久，仅仅是捎带点滴，几乎每人看过都说我弟弟的故事绝了去了，应该好好写写。可我只能简单答复，声明最好由弟弟自己来一通口述自传，捉刀代笔保准发一笔财。当年，母亲日夜为弟弟操碎了心时，悄悄跟父亲嘀咕过，这小儿子呀，最好能送到部队去锻炼锻炼，说不定能管出个人样来。话虽这么说，门路在哪儿呢？

天无绝人之路！父母亲正愁着呐，邻居金逊上门来看望了。金伯伯，"文革"前的老厅长，成立省革会后就三结合进入常委了，继而为省革会副主任，相当于副省长，"文革"后多年的常务副省长，直到退休。1970年岁末时，一次去北京开会，回来的软卧包厢里，他遇到福建的一位军人，向他打听我父亲的情况，并代为问候。

那位军人，名刘禄长，当时任职福州军区炮兵司令。刘司令是我父亲的表妹夫，他夫人我们叫艾姑，小我父亲十来岁。细说起来，我爷爷跟艾姑的母亲是嫡亲兄妹。艾姑的父亲原是杨荣国（"文革"中的大名人）家的管家，姓刘。杨邓两家几乎同时期在长沙城里开纸铺，杨家的松祥和纸庄，邓家的以大纸庄，都开在小西门繁华的街上，两家有着世家之交。偏偏杨家诸事不顺，生意渐衰且不说，创业的一代早逝，杨老板撒手人寰后，那长公子杨荣国不愿学做生意，不承父业，要读大学选择去做教师，店铺交由刘管家撑着，俟刘管家不幸病故，松祥和倒闭，杨家就全散了。那艾姑苦命，年幼便失去父母，五岁起由我奶奶（艾姑称作舅妈）带大，正常上学，又去学湘绣，从业嫁人不会无着落。正逢1938年，日寇打到湖湘，我父亲、我大姑妈跟共产党干革命，都离开了家。艾姑眼瞅着哥哥姐姐参加抗日，动了心，自己想法找队伍，去了延安，算参加革命了，当时也才十七八岁吧。

延安时的刘禄长，是随红一方面军长征的老红军。抗战期间在延安担任卫戍的只两个营，刘禄长是其中一个营的教导员。艾姑和刘禄长结婚时，国共还没闹翻，她写信给长沙的家里，告诉我奶奶"我姓刘，他也姓刘；我爱他，他也爱我"，奶奶一高兴，寄去两百个大洋说是补办嫁妆。钱真寄到了，可一件嫁妆也没办，全给刘禄长的战友们敲竹杠，吃到肚里去了。

无论怎么说，艾姑就跟我们亲姑妈一样。姑父刘禄长从朝鲜战场回国，来到南京军事学院学习，被授衔少将。那时他们家跟我们家、跟奶奶家最亲热。1957年前后，刘伯伯学业结束，调回原部队，从此跟我们家中断了联系。我父亲填写"社会关系"时，含含糊糊写过他们一家可能在福建前线。再后来，我们才知道，为了备战炮击金门，姑父被中央军委点将，挂帅当司令，统驭好几个炮师，到任不久，炮战打响，一直打到70年代末。时隔十多年，我父亲新得知刘禄长的联系方法，恰逢尚文哥询问当兵的门路，所以父亲回信中留了点儿余音。

本来，我们哥俩还可能早几天参军，因为刘伯伯接到调令，进京当军委炮兵的副司令，他请假回闽南上杭的老家去了，过完春节才回福州的军部，打开我父亲的信，立即明码电报回复：男孩子来吧。这才让我们得知还有这么一门子贵戚，绝对硬牌，才有了我弟弟直奔农村，叫上大哥二哥，日夜不停奔福建。按当时的规定，正军级有权直接批准新兵入伍。结果呐，我和哥哥梦幻似的当了兵。弟弟呢，只因是"大叛徒"膝下的养子，刘禄长就请示顶头长官、大军区韩先楚司令，韩司令表示"放一放"吧，让小家伙先去地方工厂干一年，入个团，明年再来，正好十八岁嘛。这一放，当年来了个"9.13事件"，征兵冻结，公开的内部的招兵全卡住。乐文弟好无奈，兴冲冲准备当兵，结果只身回家，所幸被分配进厂，遵规守矩地当起学徒工，直到恢复高考，才考出去。

上面说到的家族历史，我离家参军时一丁点儿都不清楚，几乎全是退伍以后，直到退休，一点一点收集资料，整理、打听、核实之后，才算摸清一二，直到最近，还在继续呢。记得是1980年，刘禄长伯伯在北京去世，我代表全家前去吊唁，以诗悼念："闽天闽地榕枝茂，最是垂荫片片情"。又隔了若干年，老邻居金逊伯伯因病去世，我写下怀念文章，又一次喃喃念起"最是垂荫片片情"……套用人世间老话，大贵人呀，恩重如山！

夜岗，补课，长见识

当兵，站岗，天经地义。新兵上夜岗，得有老兵带岗，也算是铁打的营盘铁打的规矩。一新一老的夜岗模式，会延续很久，只要新一茬的兵没来，不管你兵龄增加几个月，甚至跨过年度，你依然是新兵。偏偏我们那一茬，足足熬了两年，才甩掉"新兵"的帽子，才有资格傲傲地说人家是"新兵蛋"。而我，又是同一年新兵里，最晚最晚来到连队的"尾尖尖"。

头两年，带过我的老兵，再三年，我带过的新兵，都不记得了，五年夜岗里唯一有印象的，是以新兵资格上夜岗，碰上过一回程振宣带岗。这位程振宣，1947年11月里出生，1969年12月我们部队去他们县里征兵时，他刚刚超过"22周岁"的报名上限，但带兵的破格招他入伍，拍板做决定的是我们连的副指导员，我多次在回忆文章中写到老程，各次所谈略有不同，大致如此：

这程兄早我一年到连队，原是江西新建县的老高中生，做过当地"共产主义劳动大学"的语文老师（他最近有解释，所谓当过老师是误传——初稿征求意见后补正），副指导员一眼看中他，"破格"之意就是要为连部布个"闲子"，作为文书的备料。他们那批新兵一到连队，欢迎会上程振宣代表新兵答谢，开场词"我要是不捂住胸膛，激动的心呀，就会跳出心房"，从此久传不衰，"肯定会当文书"的评议自然也久传不衰。程兄确是多面手，文章歌赋，新诗旧体，样样拿得起；一手毛笔、钢笔、板书加美术字，人见人爱，特别是硬笔书法走邓散木的路子，形似兼神似，手稿成了全连的活页字帖；那拿手的二胡独奏，一曲《赛马》早成了军营联欢的保留节目……找一句恰当的话，用老兵老程当文书，没有不合适的。

他是老兵，老兵圈里的热风冷雨，作为新兵的我全然不知。那一夜同岗，不知怎么聊起诗词来了。原委可能是他在连队的黑板报上新写了一首"满江红"吧，我有心读，还记着几句，再加自己在插队时受我哥哥等人的影响，也沾了诗词的边边，完全不知何为入门，就来到部队了。借着他"公开"的作品，我就向他请教。

这老程，人当过教员呀，讲起拿手的小技能，熟门熟路，轻松拈来就是一套接一套。我后来的回忆文章中有过一段：

月夜星光里，听他大谈对偶，什么"正对""反对""流水对"……该换岗了，我俩仍是一句接一句，把当空的弯月撂在一边，抖抖寒露，依然尽着谈兴，忘乎了早该下哨就寝。

拖延换岗，犯傻呀，却结下了情谊。一次投缘，数载相知，让我学到不少诗词的门道。事后回想，先是玩儿对偶与押韵，后来又捯饬起平仄，借着可怜的资料，懵懵懂懂地自学，多亏有程老兄作师做伴，点拨格律常识，推敲习作字句，临到退伍时，我俩完全可凭一唱一和来玩诗词交流了。至今，我手头仍有程兄当年的"沁园春"一首：

万里东风，烂漫红旗，映绣岳川。
望大江远近，龙腾虎跃；长城内外，水笑山欢。

貌换山河，辉增日月，七亿神州尽舜天。
齐欢笑，赞洪波涌日，壮丽奇观。

旌旗漫卷烽烟，看历史航船疾向前。
笑苏修小丑，栖巢幕上；美国总统，辙涸崖悬。
林秃孤行，蒋帮寡道，陷入汪洋竟自淹。
东风力，唤千红急进，满色春园。[1]

  他是为"十一"墙报特刊写的，贴出来挺招眼，来来往往的读者对下半阕嘲笑苏美的那几句议论最多，不明白他说的是啥意思。我随后步他的原韵，也写了一首，悄悄地送他。在连队的大环境下，两个小战士暗暗地玩唱和诗词，也只能这般水平：

十月多娇，朵朵红霞，映岳染川。
看江山盛彩，千峰舞乐；苍穹着意，万水奔欢。
胜利凯歌，朝晖远景，一展红旗动九天。
爱国貌，纵长骑疆海，难足一观。

回眸历载云烟，数当代光辉胜似前。
设东坡犹咏，再歌必悼；思训复画，临笔却悬。
旧色东流，人间巨变，埋葬妖魔如泥淹。
喜今日，有风流辈起，共筑春园。

  我记得，很快他又用原韵续了一首，可惜我没抄录下来，程兄

---

[1] 时隔多年，程振宣重读此阕，认为有几处不合格律，并发来重新修改的文字。我告诉他，展示当年的旧作，原汁原味才真实，才有趣。经我解释，此处仍用原作原文字。——编书时补充说明

自己也没留下。

这次唱和之后，不久我便悟出，文史知识和哲理思考的欠缺，肯定写不好东西。转而开始注意另一维度的求知指向，与诗词渐行渐疏。说来也怪，二十出头的岁数，我便止住了对诗词的痒痒心。要说心理调整，一是受连队老文书的影响，他一肚子文采，口才绝佳，却从不玩诗词。再是向父亲讨教，粗浅地知道"泛览"与"专读"的关系，他对我和哥哥讲过自己年轻时与杨荣国、李仲融为友，结伴走自学之路，先泛览再专读，最后三人分工，在中国哲学、西方哲学、政治经济学上各钻一门。父亲说，那会终身受益的。

在无法读高中读大学的年代，有了父亲授意下的自学规划，践行起来有股原动力。可以压着自己，不再做自讨无趣、硬着头皮的苦吟之事了，能吟则吟，绝不勉强自己。正巧，又读到梅林写的《马克思传》，其中说到马恩两人早年也与众多青年一样，在诗歌写作上曾一试身手，可他俩很快便悟得算不上什么才华，人人都可以借这种形式来表达自己的内心。说告别就转向，一生中仍与大诗人为友。年轻的马恩，当然的榜样啦。偶尔间，还见到邓中夏的《新诗人的棒喝》的金句，"我们不反对新诗，我们亦不反对人们要做新诗人，我们反对的是这种不研究正经学问不注意社会问题，而专门做新诗的风气"，短短几句，字字针砭，抄在小本本上，甘愿承受其如芒在背的刺激。

无论如何，我得感谢程振宣，他为我"开小灶"，断断续续地"补课"，终身受益。当我开始整理这些记忆时，多次跟老程联系，想不到他得了脑梗，通话交流略显退档，失去了当年的亮色。

人的记忆中的亮色，总难褪去。

在那样的年代里，军营里也搞批判大会，身在其中哪能忘掉普通战士登台一鸣惊人的一幕呢。故事在老文书甘成武。

我们炮兵司令部，直属分队只有两摊子，警卫分队和通信连。以直属队名义开大会，最多二百来号人。批判林彪那阵子，刚好有抽调来战备施工的连队，加上他们来开大会，至少五六百人，小礼堂刚好塞满。

跟程振宣一样，甘成武也是江西来的，也是老高中生，所念的乐平中学，为赣东北名校，校名由马叙伦题写。听说甘成武在校时就能写能说，当过学生会的头头，1968年春入伍，当年就入了党，深得连队干部信赖，到"9.13"之时，早已是非提不可的干部苗子了。那年头，全军连队的文化水平普遍较低，文盲、初小生也不少，我就担任过连队夜校的文化教员，其实自己不过是初一都没念完的初中生。如果说初中生参军也是个宝，高中生就是宝中宝了，更不要说名校里的尖子生了。

1971年10月之后，传达完"林彪反党集团"的文件，第二步，略缓时日，就组织群众性批判大会，每个分队都指定人发言。因为林彪问题尚未见报，抄报纸没门儿，指定人员的发言稿都按事先布置的题目硬着头皮写，即使有政工干部过目，卖力加工，也无法将一篇篇愤怒加谩骂的大批判稿润色到条分缕析的水平。每场发言的时间都计算过，一上午要排得满满的，才够威力。我们连最牛，被安排发言的由两名排级干部带领几个战士，阵容可观，甘成武成了压轴的角色。

主持会议的首长，不断告诫"别紧张"，希望"就像平常说话一样"。可谁做得到呢，你让普通的战士上这场面，面对黑压压的人群，十有八九抖抖惚惚。坐在这样的会场里，原本缺乏新意，我习惯"开小差"，指尖在裤腿上划来划去，练起美术字，两次被身边的指导员制止。认真听吧，就是领教干吼、空骂与乱堆辞藻，颇有点折磨神经。抬头作观察状，几位发言者只有一人稍镇定，懂得试试话筒，自行朝下扳扳，他个子矮，叫张文雄，是我们连电台的报务主任。确实，其他人能把手中稿子顺利念完就不错了，念错了重念，一遍不行，两遍还不行，"螺蛳"越吃越厉害，只要不出大岔子，别正打歪着，便大功告成。若有哪位无意间闹出"反革命"的笑话，可就吃不了兜着走啰。幸好没发生。那张文雄显得老练一层，开口不慌，结束时赢得一片掌声。

一个上午，前后发言的都是捏着几张纸走到讲台边，主持的首长同时预报，下面请某某人做准备。满场扫一眼，必有人攥着发言稿，低头默读呢。甘成武被放在最后一个发言，他坐在后排，轮到登台了，在全场瞩目中往台前移步，那惯有的慢步似乎拖不动干瘦的身躯。以为他该掏发言稿了，依然垂着双臂，偏侧着头，左肩略高，稍稍站定，离话筒尚有一截，忽然开口："林彪事件的出现，是一件坏事，但是，它同时也是一件好事，我今天的批判发言就是——'坏事可以变成好事'"。顿时，满场开始躁动：他莫不是在脱稿演讲？

甘成武平时不多说话，开口音量也不大，特点是语速平缓，虽鲜有抑扬顿挫，但字字清晰，不拖泥带水，私下交流时会夹点小幽默、小玩笑，正规场合则注重逻辑把握。上述特点，当时我并不清楚，以后接触多了，了解深了，才得出一二。

他当天的发言，与前面各位相比，不算长，口述时段落层次鲜明，先是肯定我党我军遭遇的是一件特大坏事，再转入必定可以变为好事，从哲学的高度讲事物的相互转化，涉及到抽象的意义，便引用现实中的事例，层层剥笋。他特别引用了一个被称为"绝好的"事例——印尼共产党代表团的"万言书"，说这份国际共运史上难得一见的好文件，就是从一件坏事转化来。对于满场绝大多数来自农村的小兵来说，什么是印尼，什么是印尼事件，苏加诺总统、艾地总书记、苏哈托将军、翁东中校……一堆洋名词，要一一做简略介绍，大致明了即止。讲演渐入高潮，临近收尾，逻辑中心紧扣在坏事转化为好事的"条件"上。那时论述主客观条件，自然是强调坚信毛主席的英明伟大，强调"一切行动听指挥"，强调革命军人的伟大信念，甘成武稍稍侧了一下身子，抬手指了指背后主席台上贴着的大幅《国际歌》，提高嗓音，放慢了语速："还是这首歌里唱得好，'英特那雄耐尔'就一定要实现！"戛然而止时，并无肢体语言辅助，显得十分平和，不搞自我激动去诱导他人激动。

全场自然报以热烈的掌声。我事后多次说过，"那可是暴风雨般的、经久不息的掌声"。特别是当天值班而没有到场聆听的人，听我转述，必有此话。是开玩笑吗？我自认心底不存杂念。不夸张地说，轰动了咱炮司上下，确是我一生中听到的极难忘的一次讲演，尤其对我们连里更多的人有意识地去自我培训讲演口才，树立了活标杆。

上面这段现场追述，全由旧文中转过来。原先是民间电子杂志《记忆》为"9.13事件"40周年约稿，我回复时有一句"我的913很平淡，不值一写"的推托语，那位编辑不依不饶，非要见"平淡"的真相，我就拼拼凑凑说了些1971年间的事。那仁兄真厉害，三改两改，冠名《我的913很平淡》一文，就登上他那杂志了，传播的范围还不小。这次杂忆连队片段，将当事人换上了真名真姓。

在连队后来几年间，我同老甘的私交日深，每每谈起他的那次"发言"，我更关注如何做到腹中有稿的，当然是先行拟就要点，牢牢记住，不能走入背诵成文的死胡同。步他的后尘，我在连队组织的批判大会上，也玩过脱稿讲演。指导员布置的题目是批判《五七一工程纪要》里的"上山下乡等于变相劳改"，因为我插过队，是下乡知青。他要审看我的发言稿，我回答很干脆，没写，像甘成武一样，只有腹稿，有提纲要点。那时，我已接甘成武的班，当上了连队文书。确定我到连部的那天，指导员叮嘱，希望我向多甘成武学着点儿，"他可是历任文书中最好的"。直到2011年，我在《江西归来的思念》一文中有过补记：

  甘成武提干以后，在排长的位子上过渡了一下，以后一直是搞政工，转业回到地方上，依然是政法队伍里的"政委"。我两次去乐平看他，他几乎全程陪我。最近这一次，我俩一同往南昌，倚着火车窗口促膝而坐，面对面畅谈看书，他轻声感叹："你别说我的那次发言，也没有什么，不就是平时看了点书嘛。"

  早已六十出头的老甘，近年心情不太好。一屋子存书失火烧了，只抢出一小摞。是电线老化酿成的灾。他带我再次走进楼顶的那间书房，四壁重新粉刷过，焦痕，熏迹，残卷，破本，历历在目。第二天，我特意问到补书的事，他笑着摇摇头，一脸无奈。告别的那天，我再次提出帮他补书，他依然是微笑推辞。

当文书，试着挑担

当兵 16 个月左右，我在连里仍是最嫩的新兵，竟被指导员选中，调到连部去当文书。前面写程振宣时说过，"用老兵老程当文书，没有不合适的"，那是上半句，还有下半句呢，就是"用新兵小邓当文书，没人想得通"。确实，带着个大问号，隔了三四十年，我还追问过老指导员：你发什么疯，挑我给你当文书？几次单问，几次得到的回答不一样。老战友们也时不时冒出同样的追问，若让我自己找答案，只能是似有非有的几次误打误撞，歪打正着捡了便宜。新近的一篇，为突出"二七"这日子，有大段文字：

新兵头一年里，听老兵们背地里爱议论指导员，大活宝一个，无时无刻不爱开玩笑，三十出头还没结婚，大兵堆里够稀罕的。我所在的班上外地集训几个月回来，听说指导员结婚了，没等讨到喜糖，就听说他做父亲了。嗨，话匣子来了。他"升级"当爹的第二天，全连正抢收甘蔗，各班分包一垅地，指导员照样参加干活，他四下流窜，帮着进度慢的。无论他到哪儿，都要大讲特讲新添宝宝的芳名——王琛爱，那"王"字不用解释，那"琛"字从笔画到发音，再到用意，添上个"爱"字，咕噜咕噜，滔滔不绝，比他在会议室里给全连上课的劲头还十足三倍，说起那"爱"的要义，从小家庭的每个人，配对另一成员，上下交叉，接昨天今天，再延伸到明天，甚至明天的明天,一辈子爱不够,一口气得包含几辈子的爱。迎来欢声笑语,他十二分的得意。冷不丁身边有人冒出一句:指导员唉,听你说了半天,爱这爱那,怎么不讲讲热爱党热爱毛主席呢!他一扭头,"咳,你这小新兵,真有你的!"从那一刻起,挪个点,移步十米八米,又重复起宝宝芳名的话题,哪怕十遍八遍,具体到"琛爱"的含义,对党对伟大领袖,顺顺当当地进入他的响锣响鼓中。

那天嘛,恰是"二七"的第二天,那小新兵嘛,正是鄙人。

明明是逗乐指导员,戳他的小蹩脚,我想解释成——"能跟他开个玩笑办妥正经事、办起正经事时照开个玩笑的兵,全连上下恐怕真难找,找着我,调教调教,对手配搭子,逗哏捧哏,相互小默契,挺来劲儿,挺合适的"——这算是似有非有的课闲之课,我的答卷与众不同吧。

还有呢。早我一年到连里的一位干部子弟,叫刘勇,走后门穿上军装时还不满16岁。我俩混熟以后知道他和我弟弟同年同月出生,只相差三四天。他,我弟弟,两人自小优越的生活条件太相似了,我一直把他看成自己的弟弟。帮这"弟弟"一把,始于我俩一块写检查,我援手替他"捉刀"。

事情是这样的,他走的门子是司令部的政委,而我是司令员的亲戚。我俩同样,先穿军装,后补入伍手续。司令部军务处向地方上联系调档案,俩小孩子家,初中没毕业,哪来那种"袋袋"呢,地方真就"如实反映情况",一堆调皮捣蛋事,一纸有头有脸的回信发到军部了。某一天,指导员找我俩"训话",让闭门写个"书面认识",啥时"正确"认识了,恢复操课。

我和刘勇被关在一起,不受监视,便互相倒竹筒子,他向我"彻底交代",我对他"老实坦白",转眼间成了知根知底的难兄难弟。一落到纸上,我到底正规读过一年初中,有点儿作文底子,三下五下,正反八个页面的"认识"写出来了。他呢,刚提笔就"卡壳",毕竟小学后半截没好好念。同病相怜之下,我先是给他支点子,不灵,只好借他的口吻,起草一页,由他抄一页。开晚饭前,我俩双双递交了"书面检讨",顺利通过当兵后的第一道"政治审查"。其实呀,人家碍着司令、政委的面子,只要我们自己画上几笔,就算清白了。

"接下来,我捡了个大便宜,因祸得福当了连部文书"——又一次的似有非有,补上一堂课闲之课,我的"答卷"也算高出一筹吧。

还没完呐。

我为刘勇代过笔,也为另一位老兵沈海清代过笔。他俩都是咱连的文艺骨干,教唱歌、指挥唱歌,全是他俩的活儿。帮老沈代笔的事是这样的:

一次要开宣判大会,判处司令部大院里的一名"反革命"。"人犯"不是现役军人,只是军营职工,好像是理发的,因好说东说西,好传播消息,不知怎的说漏了什么,被人抓住把柄,告发了。先是临时关在我们连楼道下的隔间里,由我们连派人看管、送饭,持枪押着他去劳动。我一到连里,就见到这么一个怪人,四五十岁模样,常常是头发长长的,散乱披着,一副可怜兮兮样。大半年过去了,终于要"给个说法"了,定他"反革命罪",指定沈海清"代表革命群众、革命战士"现场发言。宣判会前一天的下午,沈海清捏着一张纸,说是发言稿的"素材",来找我帮忙。我一看,天啦,干巴巴的几条,总共三四十个字,姓甚名谁都不清楚,犯了什么事,说过什么不当的话,一点儿也没有,就是几句戴帽子的空话。沈海清没辙了。我呢,抓住他穷问,越问越空。埋头胡思一阵,到晚饭前,发言稿终于拟好了,也让指导员过目了。第二天,凭借沈海清指挥唱歌的本事,临场激昂,大见效果。

事后回想,我不过是玩"滚雪球"把戏而已。上面列一条"散布反革命言论",我不问具体言论,也无法具体驳斥,就直接写,"你这张狗嘴,吐不出象牙来","你在哪里散布毒素,我们就在哪里给你消毒。""你这个无耻的家伙,我们革命战士一人一口吐沫,也叫你淹死在汪洋大海之中。""你狗胆包天,胆敢散布蒋匪帮的消息,只要敌人妄想动一动,先拿你这颗狗头祭我们的军旗!"诸如此类"骂"字当头的语言,甚至是排比式的,不时以责问的口气大声呵斥,再挂几条口号,从"打倒反革命"到"坚决打倒反革命",再到"坚决打倒反革命分子××",注明让沈海清领着连呼几遍。一番挥拳上阵,声嘶力竭,确实把现场气氛搅动起来了,把"反革命"震慑住了。不管内容空洞不空洞,能"充实"宣判会的时间,我俩内心毫无缺失感。

"我一直记着这两次并非主动的代笔,认为这就是被指导员看中的'码子',挑我到他的身边,干起小文书,干到最后脱了军装,哥们儿还戏称我是指导员的'一秘'。"——这加塞的一课,似有非有的课闲之课,我的答卷独一无二吧。

多少年后,我打听过那个"反革命"的去向,最终平反了吗?没有人给我答复,谁都不记得此人此事。我的内心很不踏实,似乎看到黑暗中有人落难,我曾在他的伤口上敷了几粒盐;天放亮了,竟无处了却愧疚。

别有趣味的是,我离开插队的生产队时,村上就有人以贱名"测字"算命：伍文伍文，命中会入伍当文书的。那是一个富农的儿子说的，平日里常在一起打球、下棋。不幸被他言中了。在军营里，代拟检讨，不过千把字，小试"捉刀"，以后竟发展成不是党员，替党支部起草年度总结，动辄一两万字，"捉刀"越玩越大了。想到这堆事，我对王指导员，对刘勇对沈海清，都心存感激。[1]

按照正式条例，解放军的每个基层单位，都有革命军人委员会，简称革委会。连队的革委会就是个群众性组织，没有单列编制，全由军人自己推选产生，人数不固定，定期改选，一般在新老兵交接之后重新洗牌。记得里面常设文艺小组、体育小组、黑板报小组、经济民主小组，并列为基层作风培养建设的基石，也就成为外观连队生龙活虎的几大窗口。

五年的军营生活，我能感受到我们连的革委会相当健全，说是党支部的得力助手，不如说是指导员的台柱子，相互撑着。文、体、经那三个小组，人物多多，故事多多，咱慢慢讲。

先说黑板报小组吧。2003 年"八一"前夕，借着单位内部报刊的副刊，我曾有过一篇忆旧之作：

连队的营房原是一所学校，营区里黑板特别多，怎么算房

---

[1] 沈海清和刘勇两位老战友都已因病去世，我写过怀念文章，为老沈送过挽联：
　　如海涛　似清波　来来去去　既葆碧水本色　又依青山作伴　气象
　　长在　堪远行者告慰
　　是军人　乃铁汉　生生息息　曾显铮骨身影　还扬亢喉绕梁　音容
　　难逝　让众战友缅怀
联拟成，以甘成武、段岳衡、梅晓云和我四人联名共挽。想到海清大哥享年六十四，老连队代号六四分队，双合其数联长六十四字。

间也不如黑板多。餐厅那三大块，门厅那一大块，就是咱连的"面子"，要紧着呢。凭硬件拉动软件，连队一茬接一茬出黑板报的人才：能诗文绘画的，一大把；板书美术字的好手，一大把；有计划地组稿，像模像样地集体改稿，几乎是铁打营盘流水的活。记得有一年大军区的政委换人，新政委（李志民）到任，第一把火就大抓黑板报，在军区第一招待所摆开汇报展，军直党委组织我们连队"黑板报小组"去观摩，大家回来一议，没一个服气的。指导员问，差距在哪儿？"在粉笔，色彩少了。"一个个直嚷嚷要去上海买那种16色的六角形粉笔，指导员压根就没听过这一茬，直摇头。当时，咱们连真就这么牛。

若是继续说连队里还真出了一条又一条龙，后话跟着来了：咱连的兵，当博导带研究生的有，列国际级的摄影大师有，荣任全国文联办公厅主任的有……十八九岁的少男少女，"大熔炉"里滚一遭，进来一个兵，出去兵一个，走到哪儿都个顶个——那才是我们连的骄傲。

这黑板报小组的一亩三分地，怎么会归我负责浇水施肥呢，说来又有一段小情节，记得是一次改选：

一连人把我选进了黑板报小组，一分工，又指定留守"常驻"，惹得我半夜不眠。辗转反侧间，查铺的老班长萧厚树察觉了，在我耳边悄悄说："'上靠领导，下靠群众'，记住这八个字，睡吧。"可真是神了，下半夜我就睡香了，还美梦了一段，而且，从此绝少失眠。你说说看，不就是一句话铸就了一生的"定心丸"：干实事的人，只要守住那八个字，没有过不去的坎。老班长一句话，金针度人呀！走遍天下团队，也是条基本准则。

摆着的担子，先试挑，一试就足有四年，月月和墙报黑板报做伴。从"兵伢子"混成"报油子"，一转眼，脱去军装，黑板前的全套技艺无处派用场，也不觉手痒。倒是身怀老把戏，在退休之前还应付过一场"正规"办报，竟能如履平地。我打引号说的正规办报，是50岁时入伙官家自视正规的一份报刊，专编副刊，听主编说，心态也得正规才行。可我呢，趁人搭班子就兜出在连队办黑板报的老法子，标榜大差不差也行，硬是以"也行"往人家的"正规"上凑，忝列副刊编辑，一凑就是十二年——这全是后话啰。

我自谓凭"笑嘻嘻组稿法"，再倚仗"一夜凑齐版面之功"，相互垫底，定能和黑板报厮混不塌台。你想想，稿源就那么大个面，能写稿的人就那么多。往日里，题目布置下去，稿子收不上来，虽是常事，到日子该换版面了，口称开个夜车，照样呼呼睡，凭临时现诌，站黑板前握着粉笔现编，愣是不怕开天窗。用军人大兵的话——拉开枪栓，哪能吃哑弹呢。

提起黑板报，仍有感情着呢。三块大黑板，它承担着对内通知兼展示文采、练笔习作的各种功能，赞誉之下，当然已把"大批判战场"剔出靠边了，那套口诛笔伐，并不算我们连的特色。真显特色，葆有几分感情迄今不忘的，是办黑板报也能出彩，出大彩：

有一次，下午出了一期黑板报，晚餐时全连人呼呼涌到黑板前，一个个端着饭碗，不看完不走。一时间你挤我挤，小个子的急得要跳上凳子；这边是争先恐后，那边是餐桌空空，连干部们眼瞧着餐厅里"乱哄哄"的，竟笑眯眯地不干涉。这一期的黑板报，整版只抄了一篇稿子，是武寿富副连长的《第一次》。开头他就说：当兵十三年了，第一次吃病号饭，第一次躺铺板，第一次写黑板报稿，第一次夜不能寐……连珠炮般的"第一次"，悬念展开了，再娓娓道来，把他因眼睛动手术，得到全连上下的关怀，点点滴滴，深情厚谊，尽收笔底。最后"卒章显其志"，点明主题：官兵情义长。

一个多星期的故事，一连串有名有姓的本连人物，构成了一幅"亲兄弟"的长画卷，展现在"我们都是来自五湖四海，为了一个共同的革命目标走到一起来了。我们的干部要关心每一个战士，一切革命队伍的人都要互相关心，互相爱护，互相帮助。"的通栏语录下，让全连人耳目一新。平日不多言语的武副连长，在大家伙的心目中就是抓连队副业，与"耍嘴皮""耍笔杆"无缘，冷不丁冒出一篇"大块头"文章，"第一把"就狠狠勾住读者的眼球。后来，连里最调皮的"评论家"刘卫平说：副连长属于"梁山好汉"那一路人才，专玩"恰似猛虎卧荒丘，潜伏爪牙忍受"的绝招。

回顾连队黑板报的大彩小彩，要说如何经得住琢磨，你得明白：办报，无论大报小报黑板报，得抓住身边的事，写准第一感受，图个真实，讲个性情；凡个性化的文章，必出自生活中的直接感悟，倚仗厚实的底层积累，你敢于铆足"好玩"的劲儿，笔底不拒千波百折，唯"情理之中，预料之外"那就是归入文章之道……

来戏了，演绝了

我们连牛，牛破天了。中国人民解放军全军上下，谁听说过连队里面还配属一个团的？只因为1973年那次一不小心，"通信连交响乐团"一举扬名，牛气冲破天，从此一发不可收，口头改不掉，登报也撤不掉。

什么"登报也撤不掉"！正话反说呗。不就是敲键盘码上一堆文字，如实叙述我们连的"交响乐团"嘛。这"如实"写稿在报上发表，我玩过两次。第一次，应《金陵晚报》的约稿，栏目叫"旧照片"，所配文字有限制，无法展开写。照片和短文的标题就叫"连队交响乐团"，于1997年2月5日登过。第二次，在自己参与的内部报纸的副刊上，文字展开来，拉拉扯扯了1800多字，2002年7月31日刊发，标题还是那六个字，却没配发照片。

说来惭愧，连队演出从来不带我玩——天生没有音乐细胞，更谈不上音乐的血液了——有插队插友的"临别赠言"当判词。时隔几十年，由我冒出来，人五人六地描述交响乐团的花絮，还不成了李鬼献丑献到梁山寨了。真好汉，真主将，应是刘勇、叶宁、段岳衡、李萍、张建生等等，一大串战友，再请调皮评论家刘卫平当众比画，至少强我这烂键盘十倍。

那年头，全国学演样板戏，"风"刮下来，军部筹备会演。我们连，不对，是我们连的王指导员来劲儿了，要上《沙家浜》。

那"沙家浜",不是"二人转"的沙奶奶对郭建光,也不是"三人行"的智斗,是如今已没什么人敢玩的中央乐团的"交响音乐沙家浜"。先环视一下"连队交响乐团"——咱连里能响的乐器都上阵,呼啦啦也有一大片;再说,咱最强的硬件资源就是那百把两百号人和人人配备的百把两百条嗓子,别问音乐细胞几斤几两,一多半还是调门找不到东西南北,但全员编制全体动员,男男女女一个都不能少。只要不轮着你值班站岗,就得上台唱。

王指导员跨上摩托直奔军区歌舞团,大大咧咧一开口,求援《沙家浜》的全套谱子。"要总谱吗?"糟了,看起来还有别的什么谱?"是线谱吗?"又糟了,怎么不是"1、2、3……"?三问两问,指导员卡壳了,支吾难言。"乐队呢?"这一下指导员缓过神来:"有呀,有二胡,有扬琴……手风琴,对了,马上还要买两把号……""合唱呢?"好家伙,这一问,指导员不无太得意起来:"我们人多,交响乐合唱嘛,早就……"他"牛气"十足:全连二百来号人,编制上算是全军区的老大;你走过多少连队,听说过"连队"还下属一个"乐团"吗?大于团的连,这地球上有几个?还有,咱是通信连,咱有女兵,天然的优势……到底感动了上帝,人家帮咱们灌了录音,是全本;另找了谱子,当然是简谱啰。

不怕专业文工团笑话,咱连队的人横竖不在乎。交响乐,还能比训练收发报难?歌词用大字报抄,用小本本记,逼着你会背;训练收发报的录音机,"葵花"牌的,把《沙家浜》的录音一天放它个无数遍,来来回回反反复复,从听到跟到哼,逼着你会唱,低八度也没事儿。再说了,咱连男女混编,别以为那是70年代,指导员照样充分利用了这秘密武器,不时来它个合练。平日里男兵女兵只敢多看对方两眼,这会儿进入"男女搭配，干活不累"，既出人气，也出灵气。指挥吗，指导员来了个身先士卒，不过，他压根儿也弄不明白慷慨激昂的结束句该延续多少小节，不要紧，演奏员们数得明白就行，指挥棒跟着"第一提琴"就行了。

咱"全团"，在军部大礼堂登台了，领唱、伴唱、对唱、齐唱。最后一句，指挥的结束手势起起落落，绕了一圈又一圈，终于是吹的拉的不响了，哼的唱的也闭嘴了，指导员的双臂也煞有介事地、恰到好处地、斩钉截铁地停在了空中。

王德风这回风头出大了。平日里唱歌跑调，他自是出了名的，可登台指挥咱连队的"交响乐团"，他竟当仁不让，怡然自得一个"首席指挥"，不合练就登台，还是军里调演呢。他那两下子，哪能叫担当指挥，整个一"表演"指挥。事先，他让我从连部仓库报废的2W报话机上，拧下一截天线杆，找一家工厂电镀得锃亮，做指挥棒。又向副指导员借来皮鞋，擦得锃亮，临开场，头顶抹了层凡士林，发型后背，梳得锃亮。一开场，闪亮登场的他最大的本领是能跟得上乐队的节拍，能让合唱队员们不敢正眼看他的指挥棒，谁看这"活宝"，谁就没法开口唱，只剩傻笑的份儿了。

首唱获得了"轰动性"成功。这一露脸，连锁反应之一就是"连队交响乐团"为添置硬件赢得了足够的理由，首选的是一把稀罕物——芦笙，怎么也不会料到下一个目标是《长征组歌》，那里面居然就有一段"苗岭秀……"芦笙真派上用场哩。

那芦笙购来时，在连部的库房躺了好久，"交响乐团"的能手们，一个个来试，硬是摸不着吹奏法。赶巧，东海舰队的专业文工团来福州慰问演出，乐队里有我的中学同桌石亦苇，首席小提琴手。我请假去见见老同学，指导员立马派车，让叶宁抱上芦笙，同车去拜个师傅。石亦苇跟他们乐队的人一下全愣了:"你们个小小连队,玩起芦笙,要干吗?"你让我咋回答哟,咱连的"军事秘密"哪能随便说呢。

不叫秘密的秘密,"连队交响乐团"的"告别出演",竟选在伟大首都的中心点:

> 连队的交响乐团……露脸,露大脸了,那是在北京,是在天安门城楼。岁月倏地跨到了1996年春上,老连队的几十号男男女女,竟能重新聚在了一块儿。人还是那帮人,但不再是小伙子大姑娘了,在天安门广场集合,上城楼点名。一声"我是一个兵……"响起,已是满头白发的王指导员本能地挥起了双臂,没带乐器,但咱连队人一向以"唱"风光,走到哪儿唱到哪儿。一时间,紫禁城上下,无数的目光投向了这群脱了军装的半老顽童。
>
> 当指导员的双臂"恰到好处地"地停下时,哥儿几个凑过去开心:"指导员,你当兵几十年,有没有想过在天安门城楼上来两下子?"趁他摇头间,耳熟能详的《南征北战》台词来了:"作为一个指挥员,没有想到可不行呀!"

咱连的大红喜事,来军营成婚的新人,婚礼别具一格:

> 每到这种日子,先派连部的小战士打扫新房,我剪出大红"囍"字,上下里外贴满了;又把会议室布置得喜气洋洋,正中的"囍"字足足三尺大小,两边的喜联无非什么"并蒂红花从今互映芳妍姿;革命伴侣此时喜结鸾凤情""千里赴榕,远游江南添喜气;终身为党,常镇海疆逞雄风"之类的,指导员要求每次翻新,保证为对对新人送上对对新联。婚礼上,他既当

司仪，又当证婚人。一晚上，那热闹，红火，风光，都甭说了，还特节俭，要放到现在，他准领着我们去注册"连队军人婚礼服务公司"了。有一回，指导员手下的俩"笔杆子"，硬把新郎官一排长和新娘子的名字嵌进对联里："喜甘露成亲互勉风华英武；愿黄花秋菊共引报春红梅"，一时传遍军部上下，人人见了指导员都夸他的连里有人才。他呢，喜上眉梢，俨然抑制不住藏龙卧虎的得意。

前面讲过，指导员是我一生中见到的最能开玩笑的人。记不得多少次，我把《又想起了他，我的指导员》一文发给四面八方朋友们了，隔三差五，逢人就会说起那堆故事，说得不够生动时，只好请对方以我的拙文去想那位难忘的人。这会儿了，搬出旧文，拿掉重复的，捡点有趣的，继续说说那大活宝：

不记台词，丢三落四，他也是出了名的，可来个活报剧、小品什么的，他永远是男一号，照例不彩排，上台就开腔，绝不卡壳，越是里三层外三层的人围观，他越是精神百倍。要拿他的前后两场一比，台词的随意变动，只有神仙知根知底，地地道道"吃芦苇拉芦席——肚里现编"的货。……当年他反串活报剧中美国总统的女秘书，出风头出得可真海了去，也真绝了版。演出预定在晚饭后，他下午四五点化妆好了，不但不躲着，还满军营四处串。有没瞅清楚的，远远见到一金发女郎，外国大兵的戎装，三步一扭捏，五步一鬼祟的，还真想去值班室报告"敌情"呢。

为"金发女郎"化妆的陈振和，老连队的老活宝，他曾陪着王德风上福州市委书记家，目睹"大义退婚"的落幕戏。事情在"文革"初,王德风和市委书记家小红姑娘热恋,组织上已批准结婚,书记夫人拿主意:"小王,现在外面乱哄哄的,等两月吧,我来替你们好好办一下。"可没两个月,部队的领导找到王德风,"让"他明确,走资派女儿,结婚脱军装,划清界限留队,二选一。小红姑娘得知心上人的表态,含着泪请求"你能不能再上我们家来一次"?王德风请示后,让陈振和陪着去了。小红说,咱俩没缘,一风吹就吹吧……说着说着,真情地介绍起自己最要好的同事,王德风见过的另一女工,"她漂亮,比我漂亮,比我聪明,家里没事,你们俩挺好的……"王德风没点头没摇头,回答了她八个字:"你不嫁人,我不结婚"。打这以后,王德风真就过三十才当新郎官,罕见的晚婚军人。陈振和"陪"也陪得本钱大增,几次说:"王德风谈对象,故事多着呢,写部小说,不成问题!"前些年还咕嘟过。我俩算是知道并理解王德风的内心——"我是农民的孩子,我得听组织上的。"也只有我俩,仍然会逗乐老王头,重挑小红女士的话题,拨弄他对初恋情人的甜蜜回忆。

见识王德风的正经八百,是从踏进连队管区第一步开始的,先有那菜地边的"棒喝",接下来第一次参加全连上大课,又见他"即兴"发挥,咱就偷着皱眉头——

那天是连队大课课间,休息,方便,我挤在男兵堆里,小解快结束时忽听得旁边两声音对上了:"指导员,干站着,咋地啦?""咦——,躲哪去啦,这小东西,赶紧出来呀,"扭头一看,指导员左手抱着一摞本本,右手指伸进棉裤裆,不很利索,嘴里大大咧咧嚷着,"平时那么听话,一掏就出来,今天躲起来干吗,""你掏呀,快点呀!""跟我调皮捣蛋,看我怎么收拾你……"伴着哗哗声,字字句句早就飞向"半边天"那边了,虽隔着高墙,中间三角梁透空,音效永远清晰。所幸,没引发"半边天"

们的哄乱点评。

搁平日里，无论什么课，中途休息时，备课的本本就放小讲台上，没人会去随便翻看。逢着老兵退伍，号称连队最头疼时刻，就在这档口上。指导员要把"退伍不褪色"的大道理说透说烂，把大部分上课时间耗光，才会宣布退伍名单、奖励名单、老兵补助名单，还有免站岗人员、调整值班等等事项。早几分钟摊牌，保不准出岔子，老兵们转眼就可能耍性子……夹好本本的"基层特色"，等我成了老兵，当了文书，才明白一二，单凭厕所里的见闻，只能眨眨眼皮，心里打怪。

事情发生在当新兵的第二天。事后我跟很多人说过，犯嘀咕，这指导员，咋不像报上宣传的，咋没个正经相？后来才明白，红色山头来的干部，哪怕天大的官，粗俗起来也吓人。张闻天的夫人刘英就当面讲过高岗，不顾场合说些粗俗的东西。中央干部开庐山会议，彭德怀开口就来操多少天的娘。高、彭本来文化程度有限，换了学者型的李锐（当过伟大领袖的秘书），也说粗话。还在李锐生前，他的老同事钟叔河就写回忆，同在报社工作，编辑部开会时，李锐社长要求记者编辑要抓要害，来了一句粗话打比喻，逗得大家都笑，正好一位女同志进来，问你们这么开心，笑什么呢，机灵的李锐立即把原话改掉一个字，说"抓鸡婆没抓到，抓了一手鸡毛"，更惹得哄堂大笑。

为什么要扯到李锐那里呢？2015年4月，我带着王德风去过李锐家，进了客厅就介绍：这是我的指导员，他做思想政治工作的绝活是敢于玩"算命"。李锐老问：那是在什么年代里搞这一套？我和王德风简单说开，李锐听罢哈哈大笑。这桩好笑事儿，我早就写过：

和指导员混熟，熟到小有默契，是"算命"算出来的。

算命，当年属地道的"四旧"，几乎绝迹。军营里拾掇起这套把戏纯系偶然。只因我下乡之前看过几本揭露算命的书，在乡下又见过几个靠算命为生的人，算命里的道道，说不出个三四五六，也知道一星半点。有一回，无意间和指导员聊起这档子事，他倒有心，非把我那一星半点掏干净。什么男左女右，看掌纹，什么"命线""财线""色线"，叫我先拿他自己做示范，说明命中注定的几项是如何如何。一阵哄笑之后，他立马活学活用，快速演绎出"自创一派"的拿手戏。

没几天，全连风潮般地悄然兴算命，一时疯传指导员得了新招，能掐指道出你一生的健康状况，能算出你的吃苦享福，最绝的是知道你恋爱的进展、算定你今后生男生女……足足一个多星期，他还没放下饭碗，就有干部战士笑嘻嘻地找来，半缠不赖地盯上他："给俺也看看嘛。"事后，有战士纳闷：他怎么会知道我家上人的先死后亡？我只好偷着乐：这"父在母先亡"的两可之解，也太小菜一碟了；纸不捅破，还有好景可看。忒奇的是，有的战士前脚踏出指导员的房门，后脚就迈进我的房间，百般不解地问开："文书，你说说，指导员他咋就知道俺家那些事？"我只好暗暗发笑，谁叫你家里人来信，还"支部书记大人亲启"呢，来信的原件、回信的底稿都搁我这儿存着，我能告你吗？

纯用"算命"假冒思想工作，临上前线，开赴战场时，王德风又故伎重演过。1979年的2月，中国军队的"对越自卫反击战"打响了，指导员随高炮部队奉命奔赴广西前线，闷罐车中——

他呀，又耍起"算命"的拿手好戏：在王股长（他当时的职务）的嘴里，车厢里每一位战友的命都"大"着呢，虽然没有财神爷招手、桃花运等你啦，没老套的陈词滥调，但变个花样告诉你还可以活多少年，一生有几沟几坎，二十上下要注意什么，可以躲过一灾，三十上下要当心什么，可以避过一难，防病防患防天雷地雷，老王针对满车厢不同的人，可以说得天花乱坠，个个寿长命大；他的意思很明确，没有人的命会相同，人人都能活着返回……火车越往前线开，大家越发乐呵呵地一团，该守纪律该机灵，都分寸在胸，相信自己的命自己来掌握。

如果说生活在连队时，真假虚实见得够多够丰富了。奔赴前线参战去，可不是和平环境带兵，容不得嘻嘻哈哈闹着玩，思想政治工作的头等重要，当官嘴里蹦出每一句，都关系着军心是否稳定，关系着参战情绪是否高涨呢。上峰有多少大道理讲不完，敢补上几个绝妙的玩笑幽默，还不就相辅相成了嘛。老指导员的这套把戏，虽然我早就熟悉，但却不曾苟同。我曾经默默地记下王指导员自己的职务心得，而且得到他本人的认可：

  指导员摇头晃脑地说：什么思想政治工作，不就是哄人嘛，当官的哄哄小兵痴子；只要能哄住人，就是最好的方法。

就这几句大实话，自然有人不爱听，跟戳住他脊梁骨似的不舒服。我曾在正式稿件中挂上了，还由衷发出一点儿小感慨："他们那号书记大人，真格的不容易；一个人能哄住所有的人，可不容易哟。"结果稿件被封杀。既然明智于终身受启发，暗中又几度予赞叹：

  琢磨爱开玩笑的领导，不是人人都能琢磨透的，别说缺乏幽默感的民族，处在压抑幽默的环境下、不知幽默何趣的时代里，单问问能让你遇上这号人物、能攒够供你琢磨的素材吗？

我有幸，遇上了，日夜面对开玩笑的熏陶，攒够了，干瘪泥巴块也冒出油来了。

……

别以为咱指导员单单长于嘻嘻哈哈、不拘场合，其实，他也懂得尺寸方圆，也守得天高地厚。否则，能允许他带兵？且是一个营缩编下来的加强连。带到后来，几头里私下冒泡了：缺了他这么干，连里还真没人能压得住阵。观察他，并不难：接触不久，一套习性，透明风格，做人的本色，活脱脱地摆着。我佩服这人能把外表和实质的反差处理得霄壤妙连，能于繁杂突奇面前应对若定。我虽称他为"天字第一号活宝"，视他为"这辈子所遇到最能开玩笑的人"，而他骨子里的那股认真劲儿，我也是比谁都领教得多——用其他战友的话，称我是他的"一秘"——给他当了近四年文书，大大小小的事，正正经经的事，可从来没见他黄过。他当支部书记五年多，我们连，在全军区也一直是响当当的。

〖司令部的干部处长说王德风是"长命指导员"，咱福州炮兵那么多连队，任职最长的指导员数王德风。为什么领导一直会重用他，主要是看中了他和军事干部的配合，"不说空话的指导员"，他原先是报务尖子，军区大比武中得过名次，提干当报务主任。——初稿征求意见后补正〗

我退伍以后，指导员有机会出差来南京，找到我们家。不巧，我父亲的丧事刚结束，家中花圈还没拆干净，他出现了——

指导员并无预先准备，临时充当"千里一吊客"，礼节之后，陪我母亲说话，又在我们家吃便饭，渐渐进入侃侃而谈。他嗓门大，三句话离不开玩笑，那随口而来的戏谑之语，真让服丧中的女眷们开了眼,也开了心,不但我母亲转悲为乐,我姐姐、妹妹也忍不住要来听听,跟着打笑这位"怪客"。特殊场合下照开玩笑不误,可算是他的"绝活",提起指导员的这类"杰作",还真可说上一通。有一次,他外婆在老家去世了,他从舅舅那里得到消息,再告诉和自己住在一起的老母亲,居然说得老人笑出声来,到夜里才偷偷去擦眼泪。提起这茬,一般人压根儿不相信:自己母亲的母亲去世了,还就着大丧和母亲玩笑逗乐,天下怎么会出这种没心肺的人;而见过咱指导员的,又不会不相信,只有他这位大孝子才做得出来。

跟指导员"分享"开玩笑的乐趣,还在 1979 年春上。他从面对越南的广西前线来信,声称怀里揣的,除了家人照片,还有我的一封信——我的信?哦,我想起来了,确有过一封挺搞笑的,从里到外,难得找见正经字眼,纯开玩笑的——那封信:

  信封正面当然是收信人地址,某地某部队,但在收信人大名之后没有"战友"二字,被代之以"先生",那种年代下寻常人中几乎绝迹的称谓,赫然出现在投递军事单位的信函上;落款呢,是"国际开玩笑总部南京联络处";信的背面,大大地注明"十万分火急鸡毛信",还牢牢地贴上三根美丽悠长的公鸡毛。
  当地的老邮局、老邮递员,一辈子也没见过的稀罕邮件,部队的收发室同样有空前奇异感,"鸡毛信"千里万里飘到王德风先生手里。只因此前一年,规规矩矩地寄上年历卡,还没到他手上,就被人拆开,抢先瓜分掉,他来信"诉苦",转过年头,我才换个法子开心,加个"特种保险"。
  信封里面,一小叠年历卡已各有归宿,一纸信还原样夹着,信的内容吗,以"国际开玩笑总部"的名义,邀请王德风先生加入本部，但要考验测试一下，希望尽快交来开玩笑的作品，回函请寄"牡丹江五合楼"，如此云云。

闷罐车日夜颠簸，他真就琢磨起如何给"国际开玩笑总部"回复呢……

离开连队以后，战友之间来往频繁，通信不断，交谈中无不扯到指导员，我有心无心，陆续记下写下，稍稍提炼一下，联系他的"名人名言"，进而又想：

脑子里同时冒出两个名词：理想主义，经验主义。我真钦佩早早地就敢于掰和它俩的人，钦佩敢在它俩之间加问号、掂轻重、寻求价值取向的人。对此，有人是自觉思考，有人是不自觉地用了心，而一个人若是文化根底厚实些，或许会早日闯入思辨的境界，而不至于长久懵里懵懂地游荡。……毋庸断言，当天下人都尊崇"自由思想、独立精神"之日，那必是既懂遵纪守法、又能无拘无束生活之时，以至大多数人都敢于堂而皇之地我行我素。

〖刚告别连队时，价值取向并没有达到这般境地。跟其他战友谈起指导员，多半停留于传统的党性观念原则，认他不愧是共产党培养出的政工干部。写出这篇初稿，请各地战友再谈谈对老指导员的印象，想去收集微信群里的金句，偏偏应着"世界级的科研难题"，推托起来也句句在理——没你这文书了解得多呀。

既然出于诚心诚意请战友们献言，何不就地打转换一招，抛砖引玉兴许管用。于是，不费力找来实例，找别处团队里下级送上峰的话，用来当"火药引线"，随即摘某报社人对他们老总的评价，"领导中最有性格、最有担当、最没架子、最喜欢开玩笑的一位，让人既敬重又感亲切"……果然，立即引来天南地北战友们的一致赞同。谈不上什么组织鉴定，人生一世，连队滚一遭，有这"四个最"，嗷嗷叫，"连队的掌门人，更像一位老大哥"！友邻的司令部警卫排长也说，"这是非常恰当、非常合适、非常准确的"。——初稿征求意见后补正〗

　　我对指导员并不满足，他属于不自觉地用心者，却从来没有指导我们去理性思辨。当然也不能那样去要求他。替我补上这一缺门的，在连里是老文书甘成武，他爱看书，阅读广泛，身上有着幽默感，我们也谈得来，小玩笑不断。每每遇有别人赞誉，他会说："我那是胡说八道的，根本就是乱来的。"我曾轻轻接上一句："要是不搞胡说八道，来个认认真真，又怎样呢？"老甘笑了，"你这是诡辩嘛……"摆摆手，一副挂免战牌的样子。我俩认真谈过"辩"与"诡辩"，也就免不了递过去一句："知道你的口头禅，'人怕出名猪怕壮'，谁敢跟你玩刀子嘴？"

"一鸣惊人"与"黑豆豆"

20世纪70年代时兴当兵,时兴入党。在部队"大熔炉"里,军衔制一取消,无论啥好果子都保不住年久日香,唯"入团""入党""提干"才算人生意义上的"进步"。这三项中,"团票"起步,"党票"金贵,"提干"高升,若是起步就踏个空,肯定遭人议论。我当兵的那五年,不入团便退伍的,很罕见,跟我同年入伍的孙××便是一个。我跟这孙兄,曾有点小交情,能听得几句别处听不到的话,知道别人不知道的底,总想趁脑瓜子还清楚,赶紧记下他为何空手而归的。

孙××来自北京,新兵时跟我一个班,彼此的认同点就在农村插过队,插龄都不长,能悄悄拉呱两句。他有严重的狐臭症,按说体检是不合格的,他怎么混过这一关,没听到他细说。倒是听过他得意于"一鸣惊人",自言广阔天地干得不赖。他一下农村就发誓,"我就不信,干不过这帮小子"!果然,能应征入伍,誓言实现了。新兵集训结束前,他又口出誓言:"我就不信,干不过这帮农村兵!"瞅他一副结实身板,干苦活中长大的,普通人没法跟他比拼。

新兵排解散,孙兄去学接力通信,留在福州营区,我去报训队学收发报,上泉州那边,半年没照面。在连里相聚又拉呱开,是一次熄灯号前,说起入团、初评"五好战士"的事,我俩同为沦落人，他小激动开，不带掩饰："我吗，准备不入团了，直接入党，你等着看吧，咱来他个一鸣惊人，提干嘛……"说到这份上，我接不住话茬，就静听人掏心里话。

打那以后，我不太敢靠近他，不为别的，就因为不知他从哪儿听说，我是司令员的亲戚，爱跟我攀谈这档子事，我怕影响不利，淡淡一笑，避着他。一晃两年过去了，他被宣布退伍回家，而我，早半年前当了文书。

连里有个"档案箱"，装着所有战士的一百多份档案（排以上干部的档案在政治部干部处），箱钥匙在文书我手里，随时可阅，指导员要看，也得经我手开箱。战士的档案极简单，每个袋袋里就几张表格，应征入伍表、军人登记表和入团入党志愿书之类，立功受奖有证书，记过受处分有组织决定，"红豆豆""黑豆豆"都正正规规。

孙××的排里，还有位同年的北京兵刘思功，参军前入了团，有心入党再回地方，也是他父亲的要求。新老兵"换季"时，出乎预料地宣布思功退伍。可前不久，他还参加炮司代表队的乒乓球选拔集训，这等人才，没有特殊理由你想走人，基层也不会放行；反过来，若让你回去多半也得给个说法。刘思功突然挨一闷棍，问班长问排长，问到指导员那里，就冷冷的一句：两年服役期满了，是留是走，革命需要，党支部集体研究决定的。你听听，刘思功能平心静气吗？

我跟刘思功关系铁，看不得他满腹怨气难消，悄悄嘀咕，今晚到连部房间来，拉开我桌子的抽屉，里面放了一份东西，你慢慢看，我在走廊上给你放哨，一有动静，你就关上抽屉。如此这般，我俩成功配合，没被人察觉。他一看罢，完全明白了起因——约一年前被人诬告，一堆道不清说不白的糟糕问题——抽屉里是从刘思功档案袋里抽出的几页材料，指导员让送交机关保卫处去销毁，不随同档案移交地方人武部。诬告他的不是别人，就是那孙××。事发在入伍后的下半年，部队传达清查"五·一六"的文件，传达至每个战士。孙兄随即就写了揭发，结合文件里讲的、参军前道听途说的，一堆烂事，一口咬定同室战友，参与跟"中央文革小组"的辩论，组织武斗，打残打死人，云云。

那次全国规模的"清查"，战备部队根本就没动起来，也不可能有大动作，传达一通中央文件就过去了。遇上检举材料这类事，部队不是头一次，保卫干事们更不糊涂，飞来揭发信，看两眼便知真假，立马压着，不调查，不作结论，到时候叫双方都脱军装，把包袱甩出去就完事了。

为了送行思功兄，我凑了几句诗，祝他遨游天下，说人生前途像营房前的小溪流水，向西复向东，会奔向大海的。他到家不久，他父亲给连里指导员来了一封信，直直的口气不带委婉，挑明了问儿子培养教育的事，为什么刚满两年就让退伍，为什么没能解决组织问题？指导员收信，饭桌上就拆开，边看边扯起嗓门，什么党的干部呀，什么高级教员呀，这点水平都没有，两年兵役制，谁规定一定要入了党才退伍？他气归气，回头让我认真起草回信，客客气气地答复刘家老伯。

思功兄回厂当工人，又被推荐上大学，照样入了党，后来的发展，一路杏花村。我俩一直保持着亲密的通信。有一次他又提起被诬告的事，说恨不能找人死揍那小人一顿，卸个胳膊抽根筋。我反复劝他，别以怨报怨，掂量后果，三思而后行。我虽然比他年轻，读书也少，但他还是接受了我的劝告。

离开部队后，北京战友圈最重感情，每次我进京，一帮弟兄特热情，说聚就聚，少说有二三十次。而那孙××却一次没露脸，再也没人理睬他。多问一句,就有回答的,"丫臭胳肢窝,谁受得了呀"。从人情世道去琢磨,他吐露的心里话,就是被阶级斗争觉悟迷了心窍,赌个捷径,图个轻巧一鸣惊人,偏偏失算大了,赔了夫人又折兵,连入团也被连里慎重地卡住了。丧失了做人的底线,落得空手而归,一辈子可怜又可恨。

说到此,很想带一句,我认识的搞历史研究的沈志华教授,他跟刘思功有过十分相似的一段经历,同龄的北京人,同在部队遭暗箭中伤。他无奈地脱下军装后,贴心的团首长才把有人诬告他的事原本说出,沈志华忍不住找上门去,与那位放暗箭的当面对质:你又不认识我,告发个啥?沈的这段故事,一直在网上流传。人们敬重沈先生,做人得靠人品与学识。

2012年秋,我和指导员同上庐山,在小缆车里,我向他说起偷偷地让刘思功看档案材料的事;有一年初冬在北京,十几个战友小聚,当着思功的面,我第一次公开明知故犯的失职。两回主动坦白,属另类的一鸣惊人,战友们都想不到,小文书当年竟敢触犯大纪律。老指导员嘛,没有再摆谱政治脸,哼几声"他妈的,你这小子",真就给了个坦白从宽。北京那帮男女战友,听罢闯红灯的故事,对小人之举嗤之以鼻,骂几声风气使然,继续举杯开怀……想想也是,风气助长小人,极为可怕;心理偏好惊人惊世的,得志不得志没个谱,或亏空他一人,或亏空满世人,谁能料到呢?——这都是事后的感慨了。

自从连队解散,"支部建在连上"便换成了"感情建在连上",老战友们重叙感情的大小聚会络绎不绝。2019年筹备聚会,老连队的老人选定金秋时节,选定英雄的南昌城。通知一经发出,准备带酒的、准备干酒的,个个按捺不住,人人欲显摆显摆"正能量"。乘着这股风,京城的一位"红二代",人称"五哥"的这位"爷"(他呀甩掉"五叔"的帽子也有年头了，人在单位上早就被叫"五爷"了，但咱老战友老习惯叫他"五哥"），单托南昌的"五妹"打听打听，南昌城里哪儿合适便当，他要摆两桌"意思意思"。这点儿小事呵，在"排行老五"的群里先露了风声，我也行五，瞅五哥的用意，不就是逮个机会，出口"鸟气"吗。

那五哥，十三四岁就上我们连了，玩报务一把好手。当了老兵，离18岁还远呢，愣不到合法的服役年龄。一次电台值班，听得门外叫"接电话"，他放下耳机直奔电话间。哪知道，一个身影窜进值班室，抓过耳机一听，顿时一脸严肃，"偷听敌台"，抓了个正着。接下来，全连上下，大会小会，洗脑洗心。还算好，事没闹得太大，就在本连范围内，该批评的该检讨的，一应俱全，最后只给了最低一档的严肃纪律——警告处分，从无线分队调至有线分队。五哥小小年纪，付了个人生"起步价"。

事情出在5月份，来年的春节一过，五哥退伍，档案袋是我封的，知道夹了颗"黑豆"。他回北京，没人拿"黑豆"当事儿，工作分配得不赖，就在家门口上班，办公区域的气派劲，没得比了，明清几百年的皇家大场子，也就是他脚底下的一堆疙瘩。战友们爱上他那儿，享受的都是堪比宫廷命官的赏心悦目。有一次，坐下来闲聊，又侃起"偷听"的事，越侃越乐，乐得五哥开怀大笑，"该吸取教训的可不是兄弟我，真该是他娘的那号人！"他自个接过话音，大声反问：他也不想想，怎么不积点儿德，带兵就是待人嘛，就是玩哥儿们弟兄，多做做善事，早晚有人两肋插刀……

回想20世纪70年代里假模假式的那种紧箍咒，革命大熔炉里外都不缺。没过几大天，紧也紧不下去，啪地松掉了，一撸到底的改革开放，谁个不听、谁个不看那"外"呀"敌"的？

全争着往外跑，丢开党票换绿卡的，多了去了。翻翻我存在柜里的纸片片，真有逗人眼球的。借得当初之便，连队里的正事歪事好事屁事，私下里"存档"不少，五十年后拣出张把张，看罢一则"工作笔记"不忍抿口一笑：

5月16日　×××：
什么样的世界观，决定选择什么样的道路、前途。
1. 偷听敌台广播和一般广播
2. 服役态度不端正
3. 思想意识不健康
4. 严重地违反组织纪律
5. 工作责任心不强
6 盲目骄傲自满
7. 生活不俭朴
聪明没有用到正道上。
×××[为]什么走上犯错误的道路？
从他身上我们要吸取什么教训？
提出处理意见？

显然是连里主管布置各班组讨论的提纲，抓住个别的、典型的事例，借机教育全连，端正认识绷紧弦。昔日是站在军人的立场，如今换个角度，问问啥叫"偷听"？通信值班的任务是"监听"，横竖是"听"，那么高档的收音设备，军用级的灵敏度，长波中波短波任选，想听啥有啥，会听的会玩的，窍门不用教，高招无人传。若有心防着被抓被逮，只需把音量调小，手指搭住调谐旋钮，稍闻动静轻拨旋钮，任耳机里嘈杂声乱窜……老实说，值班时没有不听的，胆大的长听，胆小的短听，听了放肚里,绝不外露一星半点,自当"小神仙",人不知鬼不知。可那五哥,真不懂事,毫无防人之心。他哪想到,多少贼精的眼珠子,正盯着呢,特别爱盯干部子弟的后脊梁。不然呀,怎么叫训练有素呢。

多少年后,我问过指导员,在你手下给记"黑豆豆"的有几个?他不记得了,只说"教育从严、处分从宽"的道理。这理不虚。联系到实实在在的人与事,治"偷听敌台"真怪不到他头上,一个当场抓住,一个老实承认,摆到支委会上,再也没法子遮掩,捂也捂不住;凡事就在第一处事人的第一处置,大事化小,小事变大,折不折腾,就看你懂不懂得爱护年轻人,心底明白,把住宽严相济。老指导员依然有股子愤愤不平,把通信处焦处长私下的话也搬出来了:"这帮干部子弟,尽惹麻烦!"

焦处长道出大实话。说起干部子弟,当时还没人会连带扯上"八旗子弟",但真让人又恨又爱。关系处好了,太平无事;关系拉毛了,跌跌撞撞,半惨半糟的。遇上老实的,大不了交点"学费"付个"起步价",好歹能成块料;遇上贼精贼坏的,一摊子祸水泛滥。革命大熔炉也罢,社会大熔炉也罢,国际大熔炉也差不多,多少得认这个理:官场官家的官仔仔,就怕没个规矩,定了规矩又要老滑头、小聪明的,谁跟谁去从严从宽呀,怎么给个交代呀——规矩套不住小权大权的,乃至特权,还向谁去交代,怎么个交代法呢!——说话总得掂掂分量嘛。还想布置个讨论"要吸取什么教训"呢,瞎忙乎什么呀。有什么教训,怎么吸取,不懂也该懂了,几十年总不能白活吧……

连队副业，拉练花絮

自古"戍"与"垦"搭伴，军队驻扎下来，种菜、养猪、养家禽，一样不能缺。"一分后勤，一分战斗力"，养兵带兵的老话，浓缩凝结，丢在营盘里，一茬接一茬，又传遍四海。据说南京路上好八连，在南京路上没辙，多亏许世友司令下令，特拨一块地，上郊区种菜养猪，撑饱肚子，才撑住腰杆、撑住面子。我们小小的连队，接盘人家一所中专技校的不动产，菜地、甘蔗地、稻田地，恰到好处。若再多几亩，每年副业生产挤掉军训的时间会更多；反过来，"略有结余"的小金库恐怕就咣当咣当了。总之条件够好的。

连队的小猪圈，时刻牵动着大活人，百十副血肉身躯。圈里有存栏，母猪、苗猪到壮猪，接得上改善伙食，过节会餐，杀上一两头肥的。饲养一群猪，非得配专人，非农村兵干不了，有能耐养猪，党票也拿得快，但绝对不会派给咱这类干部子弟，城镇兵的鬼机灵，挨上猪圈边就冒傻气。连里派去养猪的，单人住单间，车库的顶头，靠猪圈近，日夜侍候着大猪小猪，不用站岗，最多偶尔参加炊事班的学习。按说，挂记着猪们茁壮成长的，应是司务长，或分管的副连长，属于他们的"管区"，可猪圈边指导员的足迹最多最深，几乎每个早晨他都去菜地、猪圈转，出操有连长管着哩。

有次猪中毒，投喂变质的小青菜，死去八九头。紧急处理，内脏不敢留，抢出几百斤死猪肉迅速腌制，割几块标本送防疫站，一检，仍可食用。指导员心中有底了，在全连大会上问："白白扔掉，你们心疼不？"继续说下去，当然是忆苦思甜的那一套。只好天天吃腌猪肉，连续了个把月。幸好，对养猪事业的打击不构成致命，猪圈里很快又恢复兴旺。

所以呀所以，"天天早上炸油条，什么思想政治工作也不用做"的名人名言，在他王德风，不是随口道来；在我一个小文书，也不是凭空总结，先有人实干，再有人看在眼里，记在心里。阳光晨露，刮风下雨，指导员常常卷起裤脚，从八亩十垅转到一排猪圈边，他的"防区"视察完毕，才上餐桌端饭碗。不能不让人想起插队时生产队的老队长，扛一把铁锹在田头转悠的身影。同样是担着百十号人吃饭的担子，各有各的"领地"。

他王德风本是农家的孩子，懂农活，也爱把连里的副业布置得尽善尽美，爱把节约用水、用粮盯得死紧。他有张照片，与养猪有关，直到他八十岁才拿来让"连队档案馆"收藏，我也有幸先睹为快。看着那熟悉的身影，养猪场前快乐无边的神态。照片送我扫描之后，他还补了一段故事：连队搬家修猪圈，选了山坡边荒地，刚动土，遇上无主坟墓，阴宅腐气弥漫，他叫身边战士退让开，"有鬼先找我老王"！你看看，从猪倌到主管，"凭以身作则干出来的"——这个牛皮他敢吹，也爱吹，关键是没人吹得过他。

指导员"防区"里的看家宝，也是菜地里的王牌，数大头菜，收下来晾晒晾晒就进腌菜桶。那半人高的大腌桶，不止一个，地道的传家宝，连队搬哪儿带到哪，担负着一年到头早餐的"头道菜"，自助，管够。就是拉一彪人马远行，打靶、拉练什么的，也得带足自腌的大头菜。二十多年后刘卫平回忆起种菜、腌菜：

> 王指导员挑着大粪在田埂上疾走，像个神行太保，那会儿，你能袖手旁观吗？文书（邓伍文）在咸菜桶上表演"芭蕾舞"，可你新兵蛋子能在边上喊"加油"吗？这位大主角竟然还讲，

跳"芭蕾舞"治好了他的"香港脚"！（刘卫平1996年4月从澳门来信）

稻田收割时，从四边向中心合围。最后留下餐桌大的一块，田老鼠蜷缩在里面，伙房的两只狗扑上去，忙个不停。大伙站一边看狗拿耗子的热闹，还评"蒋介石""尼克松"（给狗起的名字）俩谁能干。一次战备动员，通报台湾蒋军的动向，指导员点名问新兵：知道蒋介石是谁？1973年兴国籍的朱家理回答"炊事班的那条狗"，他连自己名字都不会写，标准的文盲。别以为那时军队素质有多高，滴滴拉拉的，仍被地方人武部送文盲来，什么"猪司令""鸭司令"，就由他们胜任。种稻育秧时，秧田赶麻雀专加一岗，是朱家理的专职，天不亮比麻雀起得早，黄昏时倦鸟归林，他也下岗，一天接一天原地坚守，老实巴交。当时我就想，在咱村上，队长派俩放牛娃去看秧田，记上二分工就打发了。

种甘蔗，上糖厂换食糖，不光保证日常食用，干部战士探家，可以称个两斤带回。那时不用塑料袋，就用几层报纸包上白砂糖。甘蔗分糖蔗与果蔗，果蔗甜脆，上等水果，种的不多，收下来，分到各班放着，慢慢啃。收蔗时，收过笑话：

军营前的蔗田就是一片青纱帐。收获之日，连长先宣布："一、不得随意啃甘蔗；二、听哨音统一休息。"某老兵才钻入青纱帐，就拣上一截好甘蔗，大口啃开。忽听得一声大吼："怎么啃起甘蔗来了？！""嗨嗨，连长，哪能呢？瞧，瞧，这不，甘蔗长虫子了吗，我使劲儿咬死它哩……""嘟——"一阵哨音骤响，连长大叫："不是休息！再宣布一条：甘蔗长虫子，不许乱咬，违者当心军纪！"

〖这则趣事，从真人真事中"原套原"复制而来，在场的连干部是潘鸿田,那老兵是北京的陈宝林,目击者刘思功,他回忆连队生活,最不忘这场景,叮嘱我务必如实道来。——初稿征求意见后补正〗

连里养鸭有条件,营房前细长的水塘,平房西头那间是"鸭司令"的司令部,单人单间,专司喂鸭收蛋,可以不参加日常的操课学习。任务简单,有一任鸭司令的头脑不简单:热水瓶里塞鸭蛋,生进熟出,时不时就尝起鲜蛋,关系好的老乡,也来沾光,通常是夜岗时分。机关的首长家属们也会来,称上个三两斤,补充菜市场的紧缺。小山坡边,话务值班机房的后面,藏着一窝鸡舍,本是话务女兵们的"自留地",精心呵护,终于来故事了:

> 电话站和通信连合并的时候,面临家产的充公,当时我们养了一群鸡,为了捍卫这群鸡的产权,不让它落到通信连的手里,面临两难处境的郭副指导员,当时往床上一躺,用被子蒙着脸说:"你们杀吧,我不知道。"于是,我们就美美地享用了一顿鸡肉大餐。(女兵梅晓云1996年4月的回忆)

她讲的"合并",是贯彻军委1975年的整编令,老连队解散,新建警通站,她们在"捍卫"鸡的产权。连队这边,历年结余的"小金库"也不肯轻易上交,提前三四个月开始"还"给连里人。细水长流地补贴三餐,早餐破天荒出现鱼松肉松。管事的头头仔细盘算,决心为每人办一件纪念品,六到七元之间,派我去福州城做市场"调研",找在此价格区间的实用品,列出几项,让各人自选,统一去采办。也允许自贴少许买心爱的用品,但不发现金。我自己选了上海出品的大相册,不几年,贴满战友们的黑白照片,至今犹在。大多数人选了再生毯,简易单薄的棉织品,虽不能冒充毛毯,但农村兵乐意带回去，挺实用。最后一次会餐，上的酒水比往常加一倍。总结起来，自给自乐一把，还要归于沾"五七"指示的光，名正言顺地享用一点点物质优裕。搁以往，老兵退伍要离开连队时，司务长进小库房转一圈，舀两碗虾米皮包包，就算是最后分别的礼物，口称"让家里人尝尝福建的海味吧"。

连队生活的小细节，是传统，也是抹不掉的记忆。

跟任何大小单位一样，连队的生活管理，像个过日子模样，就得开源节流。隔三差五改善伙食，包包子、炸油条、烙饼什么的，临时给炊事班添人手。开饭前，值星排长整队，自然说明保证每人吃饱，告诫大家爱惜粮食。餐厅里"吃多少拿多少"的声音，或是轻声提醒，或是厉声呵斥。一帮连干部，绝不糟蹋一粒米，这是他们的习惯，也是以身作则。我们同桌就餐，看得真切。若发现洗碗池边泔桶里有半啃半扔的，随时集合训话的事就来了。白面包子被扔，指导员最心疼，他的训话连他自己都忘不掉，一茬新兵训一次，两次不行，真来第三次。他至今都傲傲地回忆，端着从泔桶里捞出的一盘包子皮，带着牙印全不见馅，他高声问男兵女兵们："你们有要过饭的吗？有谁，请站出来……"一片静默中，他讲起小时候到破庙里找供品填肚子，大年三十和哥哥一同外出要饭的自身经历，抓起盘中的包子皮，当着大伙的面，一口一口咬，一口一口咽，"比当年要来的饭香呀！"可能太真实，指导员复述这场景说到"女兵们都掉下眼泪"，他自己也抑不住声音嘶哑，含着泪珠……

〖老战友韩克照在微信里说起对王德风的印象，他多年里"一直是保持艰苦朴素，勤俭节约不忘本，带头吃忆苦饭；节约用电，要求人走灯灭；抓副业，改善连队伙食；节约用水最明显，洗碗的水龙头出水细的像滴。这是我对指导员印象最深的点点滴滴。"——初稿征求意见后补正〗

"拉练"一词，最早在参军前听说过，指军队拉出营房去训练。我们连隶属于军部，保障分队，军部他们动，我们跟着动。炮兵的实弹打靶，地炮、高炮的靶场多在闽西山区，我们连只抽无线的、有线的少部分人去，连部不动，我就不动。1974年秋，大军区组织过一次拉练，算是上了规模，我也跟着指导员出去。

出发的当夜，因为整理随车装备，靠近12点才入睡。天不亮就起床装车，约6点车队开拔了。炮兵部队的拉练，就是车拉着人跑，没有徒步行军一说。车队行进百把公里，到达第一处指定营地，半山区的一处村庄。住宿点还没落实，先野炊开早饭。早饭后到山边挖临时"掩体"，就是在战备山路边刨一溜缺口，长宽均达三四米，车辆可以开进去，砍几根树枝一盖，就算掩蔽成功。中午饭后，打扫老百姓腾出的半边牛棚，铺上草，挂起蚊帐，就算住宿点。没等躺下，进入下午操课时段，继续刨山坡。晚饭后，要搞战地军民联谊，为山村百姓放电影。拉练队伍里没放映组，当晚从机关派车赶过来，影片是从军区片库"跑片"。为了接机接片子，我们连派摩托车去引导，不料错过接头点，双方都在山区道路上打转，足足耽误了约两小时才开映。我们盘腿而坐，不许打盹入睡，集体干唱歌磨时间。真放映了，老片子，倒可以抱膝偷睡。放映结束，一头扎进牛棚，撩起帐角倒头就睡。不远的墙角，老牛夜尿，哗哗响声如在头顶。入眠刚一会儿，被叫起去站岗，又强打起精神，背着大枪在陌生地形里转悠了一个来小时，换班接岗后，和衣再睡。

第二天更紧张了，不但要挖车辆掩体，还要挖单兵防空的"猫耳洞"。除了端饭碗扒饭，每人两手几乎没离过镐柄、锹柄。幸好时常种菜摸锄头，手上有茧，没打血泡。一天下来，没挖出几个达标的掩体，多呈半截子工程。突然传令，军区首长要来检查，掩体必须在天亮前收工。指导员毫不含糊，把手头人员集合起来，眼看作业面越来越狭小，不适宜打乱仗，就按体力分组，前排并肩抡镐，后排抱锹坐等，一支烟功夫，前排下撤，后排齐头挥锹，平出裸露地面，再换抡镐的上阵，轮番开挖。这样一来，动手的一组，节奏分明，休息的一群，爱躺、爱坐、爱抽烟，养一阵体力是一阵。借着月色硬刨硬干，硬是在半夜里验收收工。

从山坡边摇摇晃晃走下来，也不知道后半夜怎么入睡的，没洗脸，没刷牙，一身泥一身灰的，说倒就倒，人事不知。天一亮，扒弄几口，实在不知啥味道的馒头和泡饭，就往猫耳洞边一蹲，等着检查的首长光临。真不知道军区哪位首长上了那破山头，又甩下几句什么官腔官调。满山被挖得乱七八糟，跟迎接我们到来时面目全非。当时没法留下写真照，顾不上心疼山川凌乱，只盘算三天三夜里，睡眠不足十来个小时，没人倒下，没出事故……军人硬撑着，这就是军人。听说早两年，连里拉练，车在路上翻了，1970 年的兵刘振国被压在车下，连声高呼"毛主席万岁"，结果没成英雄，也不是狗熊。

接着是再转移，一路往南，到了晋江厦门那边，住进一所礼堂式的大屋，依然是打地铺。因为靠近金门，站岗时交代，如看到那边飘来的传单，不要看，立即上交。可谁也没见着一张纸片。倒是我们向那边打宣传炮弹，所附的传单格外精美，比明信片稍长些，彩色双面印刷，积累起来就是一本小画报或画册。指导员当我们面饮酒，口称防止水土不服，他也确实不多喝，只一两口。休息足了，晚间就盘腿坐在一堆聊天，等熄灯时间再躺下。

指导员跟我们谈论人名的含义，话题从连队营房附近一户农民说起，儿子先叫"林彪"，老虎背上三把刀，好厉害呀，接下来忙不迭地改名。一老兵讲起本连的孙副指导员，背地里常有人喊"孙子"，他知道了也不生气，说就等老婆生孩子，起名"孙也"，就看着你们喊"爷爷"。有人问他，如果生个女娃呢？孙副指笑盈盈地说，就叫

"孙乃",喊声"奶奶"也一样。大家又讲了许多意义高尚的名字,远的如董必武,近的如身边坐着的刘卫平。指导员当然不会引火烧自己,他的大名本意"君子德风,小人德草",可能属于老观念,军营里谁还认什么君子小人的,只认阶级战友,认革命同志了。

结束的高潮就在指导员嘴边,把我们肚皮快笑破了。他开口说出个"天下最绝"的名字,就在我们连,跟他同乡同年入伍,1964年就退伍了。这个带色的段子,暂时打住,还是放到别处写吧。〖请见"锦线串乱珠"一章——排书版时补说明〗

挺滑稽的,可能带有指导员百分之一的"指导"诱发,我们连曾突然兴起改名小风潮,程振宣改名程万里,王兴荣改名王珂,报告递到军务处,迅速批准了。第三人要改名的,报告就不批,军务参谋突然明白,咋能这么玩法,坚决刹住了。程、王两位,新名字一直沿用着,可战友之间若不喊老名字,都不知道啥时钻出俩冒牌的战友。这自然是笑谈人名的后话啰。

还是说拉练期间事。最后一站是借住人家学校里,条件虽不如自家营房,毕竟很好了。由于靠厦门近,首长批准,借休息日连里还组织去鼓浪屿、南普陀和集美的陈嘉庚墓,跟现代旅游团队差不多,每地停留多少时间、允许多大活动范围,都盯得紧紧的,绝不能丢了人,也不能误了晚餐开饭。闪电式的旅游,仍误不了照相留念,就是传统的那种,交上钱、填个地址,照完后如期寄达。对于所有军人,都是难得的开心,会反复讲述,结合照片美美地回忆一番。

一天傍晚,连里人捉住一条菜花蛇,长超一米,有手腕粗,用军用电话线扎住头,吊在树上。炊事班长操刀剥皮,几个人帮忙控住蛇下半身,别让它缠住人。我也参加了,双手抓住蛇的一段。蛇在挣扎中,没人能凭握力让蛇老老实实挂着,你刚握紧,它用起张力,上下膨胀变粗,稍一扭动,人那十指就被甩开,只好再去抓牢它。两个回合下来，深知活人若被蛇缠住，缠断胳膊缠断腿，不是假话。开膛破肚后，先找蛇胆，刚剥下来，指导员一把抓起丢碗里，用酒涮涮，生吞了。他一直说有青光眼，中医建议他吃蛇胆。在连里时，也会捉住蛇，蛇胆几乎就是指导员的专利。蛇皮扔了，蛇肉放小号行军锅里煮，不够铺锅底的。敢尝蛇肉的，每人只分到一块，根本吃不出啥滋味，煮不烂，就胡乱咬咬。

军区组织大拉练，压台戏是一场抗登陆的演习。炮兵机关没演习任务，我们可以现场观摩，坐在山头上遥看海滩边的攻防大战，登陆艇抢滩，战壕里调兵迎敌，都是按作训条例，有演练"剧本"，并不新鲜。预埋的一溜炸药包炸开了，说是炮弹落地；远远地炸出一股"蘑菇云"，再看防化兵怎样快速戴面具，穿上防护服，操起家什狂奔，散开来忙乎一通，说是"消除核辐射"；小批次的飞机掠过头顶，对着海滩俯冲、扫射、投弹；步兵们真打枪，枪口真吐火舌，也都是空包弹……唯有投掷手雷、手榴弹是真弹真炸，无论进攻方、坚守方，投弹时都大声招呼，人人安全隐蔽到位了，才出手甩雷。真实的步兵战场，也就这模样，严格管制投弹时自伤自，爆点有杀伤半径，弹片不认敌我，飞起来不分前后左右。看过正规军的正规演练后，再看影视剧，真假做戏的水平立马能看穿。

据说，那是总参最后一次批准搞"抗登陆"。我刚退伍，军区就搞"强登陆"演习了，作战意图大翻转。皮定均司令就是那次演习中途直升机失事去世的。

抗登陆演习结束后，撤回福州营房的时间下达了。我们开始最后一次收拾行装，上士（军营里对给养员、炊事采购员的习惯称呼）到我们房间来，报告说用黄豆换花生的事办好了，我们的黄豆如何交给老乡，花生明天如何准时送来，上士一一汇报了洽谈的情况，指导员边听边点头。我在一旁静听着，我们买了多少黄豆，可换得多少花生，可为连队节省多少钱，大概明白了。这番军民合作，全赖此地盛产花生,不产黄豆,老百姓靠计划供应,连豆腐都难吃上,而部队无论上哪里,供应的黄豆不限量。于是,黄豆、花生凝结的军民友谊,历久不衰。

正在这时,军务部门来电话,传达大军区的紧急通知,撤回福州时几点注意事项,规定不许在当地购买土特产品,其中就点明了"花生"一项。小屋里几个人静静地听着电话指示,指导员边接听边响亮地回答,执行上级指示,马上传达。上士还没离咱屋呢,他也听得一清二楚,立马问指导员"那怎么办"?指导员侧过脸,以他特有的瞪大眼说话的神态,半笑半不笑地回应:"还叫你敲锣打鼓啦?"上士立刻明白下一步该进该退。

第二天,我们连换得的几麻袋花生,约有千儿八百斤,分装在不同的车辆上,上面压着其他叮叮当当或坛坛罐罐,乍一眼不会被察觉。我坐在最后一台车的后挡板边。整个车队排在路边,准备停当了,一辆摩托从车队前头慢慢驶来,老处长坐在挎斗里,向几位带车人大声问道:"没问题了吧?可别留给老百姓来擦屁股!"摩托在我们车边掉头时,处长笑起来:"文书,你在这儿呀,来,把我这袋袋放好了!"说完从挎斗里取出一小袋花生,一二十斤吧,一扬臂扔到我腿边。摩托开走了,不一会儿,车队也随后启动,一路开回福州去。

回到连队第二天,潘连长就把我拉进他的房间,问起这次拉练的伙食账目。听他的口气,夹着几丝不信任,不是针对我临时兼带的记账、报账不放心,而是因为他守在家里,担心指导员带队出门玩花头,伙食超标准,把连队的副业结余吃掉一块。我指着账面,报告几个大环节,一五一十说给他听,才消除了可能的无事生非。

人神不知与人神皆知

1972年夏日来临，我到连部当文书，最大的得益是自由支配的时间变多了，除去全连行动，每天干什么，可以自行安排。我先熟悉并拾掇起连部的家当，建立登记卡，样样件件进出有明细，随时可供查询。连部报架上标配五种报纸，"人民""解放军"和《福建日报》是对开大报，《参考消息》《前线报》，四开小报；连里有《红旗》《解放军文艺》和《解放军画报》，几经传看，回到连部仍有几成新，保管放妥；书橱里搁着发剩的宣传材料、记录本，加空白的党表团表，就差不多了。连部仓库里，除大小乐器、少量弹药器材外，旧报纸和回收的刘少奇、林彪的书堆了不少。那个夏天，我把旧报纸扎扎实实地整理了一通，按年按月码放整齐，缺损的做登记，剔下的就当废纸全卖掉。从此以后，连部的报刊保存俨然如正规图书馆，各年月的报刊，几乎手到拈来，索取方便。长于物品书报的整理，多少与幼时有关，处处有看得见的榜样。

那阵子我父亲已从干校回到城里，回到老本行，跟从顶层部署，四处辅导人们读马列，毕竟是50年代就领衔过省里的"干部讲师团"，轻车熟路。父亲没有为子女们制订过读书计划，但我们哥俩已先后安下心来自学了。我临当文书前，大军区有过一次读马列理论的辅导讲座，在军区第一招待所大食堂，来听课的就围着饭桌坐，聘请了原福建省党校的理论教员上大课，分讲马列主义的三大来源、三个组成和斗争策略原则。炮兵机关主要是政治部的人，基层分队名额很少，我们连男女兵各一名，就派了我，去听半天课，自行消化半天，没搞讨论，持续一周结束。之后不久，我成了文书，看书的条件猛地变了，自学便渐渐入轨。

  为什么先前没入自学之道呢？从1966年夏天起，先停课，后插队，再来连队，六年多没那心思，也不懂自律自修。直到1973年春，大概是3月下旬，司令部派我回南京出差，在家住了几天，与父亲、与弟弟有交谈，回部队时，挑了几本书带到连里，如今回想，打那前后可以算是"自学"的转折点——粗浅知道"泛览"和"专读"不同，总得逐步进入后者。

  带去的书里，有三本值得一提，一本《四角号码新词典》，再加《红与黑》与杨荣国主编的《简明中国思想史》。那本小词典，"文革"前在校园就受推崇，1962年底出的第七版属上品，我带上它，因为全连没有一本比它更好的字典，我自己用，还训练连部的通信员也学着用。江西兴国的小兵吴良焕，能把"横一垂二三点捺……"背到今天。躲在库房里看《红与黑》，一次被指导员发现了，我就搬出江青对部队文艺工作者谈话里的那段话，说明不看原著就无法理解江青的指示呀。指导员当然不会熊我，我也不乱传，好像只借给老文书甘成武看过，第二年就送回家了。

  这套"打着红旗看禁书"的自我保护法，是从我哥那里学来的。他们连长来军部集训，见到我就说起我哥当新兵时，某休息日躲在师部礼堂的角落里看《红楼梦》，被一老兵逮着，连人带"证据"被揪到连部，值班连长三盘两问，说起毛主席都叫人看，当阶级斗争的教材看，我哥还掏出随身的笔记本，有未公开的主席原话，有批判阅读的心得，连长自然不会乱熊人。后来，我哥也当上连队文书，再又提干到营部，那是后话啰。

  提起杨荣国，他在我父亲的好朋友中名列第一，既是世家之交，又是系列政治审查项目中的首席"证明人"，父亲到新四军根据地之前的个人经历，全填写杨荣国可证明，包括加入中共组织，两位入党介绍人一死（杨荣国的弟弟）一脱党（疑是托派），入党证明人就非杨荣国莫属了。清楚记得1972年的年底，《红旗》杂志发表了杨荣国的《春秋战国时期思想领域内两条路线的斗争》，我是认真读到的。1973年的春节前夕，我弟弟去广州，在杨伯伯家里住过几天。听弟弟聊过杨家的事。等我要拿杨伯伯的书去看，再多问几句，两家子的故事才多知道一些。

回到1973年"十大"召开前后，连队里注意到杨荣国的，只两个人，我和老文书甘成武，我们略有交谈。杨荣国刚刚到过南京，到我们家，千里迢迢看望我父亲，我也只跟老甘说过。中共"十大"结束后，杨荣国越来越红，指导员虽然发现我在悄悄地读杨书，看到杨本人签名的赠书，只简单地问问，他根本没往心里去。

紧接着批林批孔运动，连队学习的高潮在1974年春节前后，动静不算大，持续不长。指导员他好像不知道本连队有"奇货"，完完全全照着下发的材料，按上级的布置，绝不多添一点点花哨，不多搞一点点"参考资料"。军营里常有四面八方的"辅导材料"流传，如杨荣国在合肥做的报告录音整理件，就是干部子弟朱华伟家中寄来的，与我藏着的签名本的赠书相比，显然逊色多了，同样都没当众炫耀。

若放在别的连队、喜欢来事的基层干部那里，不知道会不会滋生出什么热闹事，捧出什么"积极分子"，有意无意一荣俱荣。在我们连，指导员可没那份心思，老文书的名言"人怕出名猪怕壮"也是一帖冷却剂，对于我一点不生疏。大动荡的环境下，一损俱损更可怕，持久免疫吗，全赖于家痛未消。至于悟得"欲想抽身退步早"，则由《红楼梦》书中得来。

全军范围的批林批孔，有过被江青抓住当典型的一两个连队，小连队指导员升大官了，没过几天就悄无声息了。八大军区司令员对调，动起真格，各地带起一阵风，大字报轰军方的头头，南京的吴大胜代许世友受过，福州则轰韩先楚的不是。我没有到现场去看过这类大字报，但炮兵机关里也临时辟出一块贴大字报的地儿，糊了几天，机关的干部、战士都能看到。

我们连里大体是三种情况：普通战士漠不关心，不发议论；多数干部偶尔会公开议论，热衷谈几句"走后门"；干部子弟们悄悄议论，担心提前回家。拢共三十来个干部子弟，尚无一人提干，恰逢钟志民玩退学，又玩退伍，军区那边沸沸扬扬，炮兵这边也风吹草动。我们连顶头的通信处，处长老焦担心值班人情绪受影响，就让副处长老尹出面来安抚，开个座谈会，事先叫我把名单报上去。当时，大形势不容易吃准，副处长不敢、也不能说透底的话，只叫大家先安心岗位，保证战备值班。

天知道，竟有人抓住座谈会说事，批评通信处偏袒干部子弟。毕竟难成气候，没做成文章。时隔几十年，老尹离休安置在南京，见了面谈起这一茬，还为老焦叫苦。老焦新蒙丧妻之痛，眼皮底下一大摊子通信保障，丝毫不能乱，偏偏风云不定。好在连队里不乏头脑清醒的。我那老班长萧厚树就说，走后门的全退回去，那么多值班岗位，谁来顶？我记下这颗"定心丸"，又转告一圈铁哥儿们，无意间惹毛了另一路神仙。有人原本就盼着干部子弟早走光，终于直冲冲地来挑逗我：准备回城里，还是回插队的公社去？我套用流行的一句电影台词，假装调侃，真辱对方人格了，即予回答："在我离开这个连队时，来亲亲我的屁股吧。"事后想想，完全不必沉不住气，太伤战友感情。

我这人吗，二十出头时，真有股子头脑发热的劲儿，出口伤人，做出格的事，有的名扬至今，有的人神不知。且从人神不知的"绝活"先说起——

我们的营房夹在闽江与乌龙江之间，距南北两端的江岸不知几多远，徒步往返得需三小时吧。一个初冬之夜，残月初生，我悄悄起床，掖好蚊帐，独自溜出营区，径往闽江老桥奔去，约个把小时，穿过南岸的台江街区，在闽江老桥栏边驻足，欣赏灯火夜色，凉风轻吹，江涛轻轻拍打，船不多，桅杆悬灯，星星点点的，虽然没有高楼大厦，没有霓虹闪烁，背着月，看不见江中之月，但也是自插队乡村以来最浪漫的盛餐景色了。江桥上不敢久停，赶紧悄悄回头，重新钻入蚊帐倒下，无一人发现。

直到 2009 年的 11 月里，老战友们在福州聚会，一天晚餐之后，福州的张强老哥开车，拉着我去欣赏闽江夜景，漫步于灯火阑珊间，观赏音乐喷泉，我才对陪游的老指导员一五一十地说出，当年早就独享过美妙勾魂的"宵夜"啦。张强一向不露声色，指导员立马侧过脸来盯牢我，冒出一句："咳，你这小子，是不是有梦游症呀！"

这事儿，没敢记入日记，也没写下抒情的文字，如今不费细想，清楚地记得是麦苗越冬前，1973 年深秋之后。那阵子的自我感觉忒好，自行决断的冲动接二连三，时不时随手记录下胸中澎湃，后来勾连勾连，成了《昨夜浪漫》一文，找机会发表了，其中几段：

> 我当兵那阵子，军营里太单调。最单调的莫过于站岗，孤身一人抱着杆大枪，不准乱溜达，傻愣愣的，至少站上两小时才来换岗的。碰到夜岗，更单调，数星星都腻味。兵龄一长，上夜岗才学会变了法子悄悄"浪漫"起来。
>
> 对营区熟悉，四面八方的小路先熟。乘月色摸上山，能像白天走大路，扛枪独自上上下下，根本不会生个"怕"字，便是十足的老兵了。顺着营房后面的山坡，爬个百来米，上到一光溜溜的石崖前，或坐或站，向南望是开阔的农田。田间水塘，月下泛的是银光，越是风和夜静，那银光越诱人。纵横交错的路，把田分成几大片，每片里有几个塘，哪个大哪个小，渐渐

地一清二楚了。有一次，秋夜里，从石崖上一抬眼，竟然发现不远处多了一洼塘，四四方方，平得像镜子一样，真以为走近了它可以照人。下了哨，也不钻被子，径直去那边"照镜子"，其实是想看个明白。走到跟前才发现，原来是新筑的一晒场，快收稻谷了，场子刚碾过，特平展，反射月光，同水面一色一样，高高地在远处，谁也分辨不清。

……

借站岗吟诗诵文，典型的思想开小差，好笑的说法是魂游天外，躯壳犹在。习惯把枪斜挂在肩上，手指轻轻地弹敲着枪托，军帽正不正，领口风纪扣扣了没有，自己也顾不上，白日里谁也不敢摆的这"老兵油子"状，熄灯以后，可就谁也看不见，谁也管不着了。白天干什么活，夜来就诌什么诗。挖埋通信电缆了，就来几句——

要降黑龙卧南台，喝令大地张开怀，
十里冻土才惊醒，两座石山又吓呆。

打球上瘾了，也来几句——

擦板、端篮、跳投，健儿大显身手，
场上龙虎跃，场下呐喊"加油"，
"加油！加油！"唰唰又进两球。

这类军营歌谣，不出 24 小时，准上连队黑板报，有时还玩个"头版头条"。这么多年过去了，回想起来，一夜浪漫，便一发而不可收。

连里的老兵，谁也不会傻瓜式地站夜岗，不到伙房去摸点儿吃的填填肚子就不错了，一个个不会一五一十说出来罢了。而我，写了，记下了，那独一份的浪漫自然归我：

一次，盛夏之夜，轮着我带岗，本来应是银辉泻地，正好逢台风来临，海风渐强了，顶着斜刮的风，摸上后山的石崖，独自坐下，静静地呆呆地昂着头，什么也不顾，就盯着那东跑西颠的云块。风很大，从偏东方向吹来，拖扯云朵，搅得片刻不宁。月光很好，洒满天际地垄。看那云，大片大片地接续而过，飞一般地在驰突。夜空竟是暗一块，亮一块，乌一块，明一块的景气。整个天空苍苍茫茫，浑然一派，阴云低湿，借助风威，一个劲地狂吹狂舞。我成了这天地间独立一隅的检阅人，大石崖就是检阅台。仰视着被检阅的千军万马，初看，眼前是一支急行军的云彩大队，再凝神，则见三四百米高空倒铺开一条江河，那云朵的高速漫卷，就和江上波涛翻滚一样，一个浪头接着一个浪头，浩浩荡荡，乘着海风，直逼西山，大有扫平六合吞没八方之势，真不好说它有几分恢宏威武。细瞅那云缝里的星星，都成了这洪流中争游的船舸，那月亮便是一只鼓风而驶的大帆。铺天盖地的景色，不由推拒地扑来，涌入怀，夹着清凉之气，周身爽快异常，胸中感觉宽广无限，不禁独自舒展眉宇，发出一声傻笑，自以为体验了旷世怡情。望着滚滚而去的漫天洪流，呼啸，腾跃，狂奔狂进，不觉竟看呆看傻了，缓过神来，才想到随之而来的早晨，是霞光灿灿呢，还是暴雨倾盆？于是，又想尽快结束这场检阅，想看看波澜壮阔的后面究竟是什么。

雨终于来了，来得确实大，少有的大。军营听雨，听大伙房后山边采石场断崖下的瀑布就能判别雨量。只要瀑布声若雷鸣，顷刻能将球场漫掉，漫进伙房，那雨就是暴雨级的了。随着采石场后退，采断面加高加宽，雨中的瀑布也一年比一年宽大，壮观得逗人亲近。又是在夜间站岗时，碰上了大暴雨，我把枪披在雨衣里，高一脚低一脚，冒雨踏进采石场，往十来米长的瀑布下一站，仰视流动的悬空奇观，再一步步靠近去。来干嘛？擅自就把哨位移了，移到哗哗的水柱边，不，是在水柱下。让沿山沟倾泻的一挂浊水，浇在头顶，打在脊梁，隔着一层雨衣，能感到一种不定之力，像鼓槌在敲，又像钢鞭在抽，劈头盖脑，你不讨饶躲开，它就无休无止地揍你。

　　大兵，夜岗，最是亲近自然的好时机。到了这份上，耳边什么也听不见，唯有天水轰鸣，脑子里什么也不想，只任翻江倒海洗礼一场，注入几许浪漫就忘却了一切。

　　就这样的短文，结束句仍不忘自鸣得意，"浪漫生自连上，夜夜活力"！若要追问，身为读书人家的娃，怎么会无视军人纪律呢？自幼调皮捣蛋不必说了，当"狗崽子"的那几年，也没有安分过。咱仨兄弟里，我算不上出头冒尖的椽子。老哥在临当兵前，步行二百余里，一昼夜穿过苏南四个县，从他插队处到我插队处，又写下长篇的游记，描写沿途的湖光山色、农舍田畴，作为春节礼物寄给弟弟，让老父亲扎扎实实评说了一通。

　　我那弟弟，更是满城出名，那两年里，凡认识我父母的，几乎没有人不知道邓家小儿子的，连我姐姐在南大的同学孙家正（后来是政界名人）都连用两个"要么是……"加以评说，非登堂即入狱吧，那时弟弟刚过15岁，自作诗云"报国欲死无战场，英雄岂敢空挠首"。一次半夜里独自去登紫金山，被山顶军营里的哨兵抓住，关起来通知家长去领。问他想啥，回答就一句：想看看高山日出。父亲在家信中借题感慨：登山，登山，多好的事，当年有个姚登山，外交战线上名震一时的大英雄呀，可回到国内后，头脑发昏，不守纪律，目无领导，结果大栽跟头……父亲想通过弟弟的出格来教育我们老实安分，结果偏不如他所愿。1973年春节前，弟弟攒足了调休假，奔广州、桂林、昆明、峨眉，游历了一大圈，稍停西安返回南京，故伎成功重演，得意地写信给两个当兵的哥哥，夹叙夹诗长达三十多页，正反17大张纸，厚厚的一叠，让人忍俊不禁，捧腹而读。这老弟洋洋洒洒写下峨眉山中踏雪历险，还不忘存心刺激我一句："像伍文这样M型血种的，绝对不会……"如此云云，真让人又气又咬牙切齿。

我的那几则"浪漫"，不能不承认多少受到弟弟言行的刺激，只是没写进家信里，老话叫卖弄，现在叫嘚瑟，自行免了吧。

说完天知地知的事儿，当然不能漏了人人皆知的事儿。

1974年元旦那天，我有过一桩无厘头的待人失礼，前后仅数秒钟，却多年包裹着，每每被知情人窃议不已。

事情发生在那天早餐后，我和涂高良一块儿，往机关那边去，半道上迎面遇上女兵张聚宁和谢宁，她俩正往福州城里去。我们四个都是同一年的兵，平时并不照面，因为女兵吃、住、值班都在机关那边，我们不值班的男兵就在连部这边，编制上属同一连队，但始终分为两摊子。照常理，大路宽宽，打个招呼就擦肩而去，偏偏那天我冲着张聚宁就问："昨晚是你值班吗？"她刚点点头，我就来一句："你什么时候学骗人的？"一副责问的口气，还没等她回答，我又是一梭子："告诉你，我八岁起就学会骗人，现在不骗人了，谁也骗不了我！"更不等她张口，我甩开大步，头也不回、看也不看她俩的神色举止，径直走了。涂高良快步跟上，想问个明白，被我压住话头，再没叨叨。

那张聚宁突然挨我一闷棍，顿时就像丢了魂，据谢宁告诉，聚宁一整天没缓过神来，计划好进城办事的，完全没了心情。揣着一肚子不清不楚，下午回到营房，两三天打不起精神。路上遇着文书撞出"疙瘩"的事，很快在女兵堆里悄悄传开，不知情由呀，谁也无法劝解。张聚宁她生性不脆弱，硬没到大小头头那里去诉苦，默默地独自扛过去了，不久便恢复常态。其间，她曾传话给我，希望解释一下，被我淡淡地拒绝了。事情成了坨死疙瘩。多少年之后，一帮女兵们还念念不忘，似乎成了老连队遗留下的重大隐秘，回回揪着我追问，总想探明曲折，解开谜团，到底啥事呀！

说起缘由，得介绍一下张聚宁其人，还有炮兵另一战友陈庆。如今上网搜"张聚宁"不难，她很出名，也算是"脚板底绑大锣——走哪响哪"的女强人。她插过队，在农村就入了党，同年新兵中唯独独的"新鲜血液"。1972年初夏上大军区听理论辅导，女兵就去她一个，我也去了，印象中她对文学更有兴趣，抽象的理论灌输，她坐不住。1973年12月间，炮兵在72师师部搞新闻报道培训，全连仍去一男一女，我和她都摊上了，这回轮到我坐不住，没等培训结束，就告假回连队了。两次近距离地接触，如果乐意多多交流，真是个机会，可我没那心情。主动开口说点什么，多半是她，甚至直言建议一同写点什么，投投稿。而我，正抱既定的自学计划，压根不愿玩投稿，口出搭腔，净是不顾天高地厚的话，把个彼此关系处理得淡漠无涟漪。也可能真因为这般模样，我俩给周围人的印象，都脱不开"傲气"两字；她有她的傲，我有我的傲，面子上又各无妨害。

同年兵陈庆是上海人，家境不俗。当时，整个炮兵机关的干部子弟士兵中，大多是军营里的孩子，算是地方干部家庭的很少，自然而然抱成团的四人中，我们连两个，机关那边两个，陈庆是一个。他不在我们连，但我们的关系非常铁，交换看书，谈喜爱的知识，谈关注的理论问题，两人恨不能同吃同住，天天在一块儿。陈庆父亲与巴金夫人萧珊是嫡亲的姐弟，而且再无其他兄弟姐妹，两家同住上海，多年亲如一家，姐弟俩各有两个孩子，都在忍受"文革"

带来的压力。陈庆在四人中最小，境地算最好，能当上兵，靠贺敏学援手相助。他远离文学，并非看透姑父巴金的遭遇，而是自小长于数理，爱推导演算，当时正在自学政治经济学，细嚼他母亲寄来的各种书，攻读中能对话能讨论的就是我，若通起电话，不顾长话短说的规定，老是畅聊不止。1973年12月31日那天晚上，我俩抱着电话正说得起劲，听筒里不断有卡拉卡拉的插入声，我想到有人在偷听，心头十分不悦。撂下这头对话，追问起谁在当班话务，毫无结果。按当时的规定，话务员不准偷听，特别是首长的电话，绝对不许听一句。我请对方把电话接到隔壁的另一机房，请值班的帮看看话务台谁在当班，说是张聚宁，被偷听的恼火迅速锁定目标。"冤家"路窄，第二天一撞见，便发生那一幕。一通"消气"之后，我找到陈庆，共同度过甚感愉悦的元旦上午。

  这事放到今天，算什么呢！第一个斥我不应当的，是我哥。他曾抿着嘴角哼出一声："男不跟女斗，鸡不跟狗斗嘛。"还是我哥，他曾与张聚宁有过夏夜长聊，把我们连队里落下的死疙瘩彻底化解了，是在1976年。那年春上，我、张聚宁同时退伍，她回到九江市；已提干的我哥，公派他去九江出差，招待所离张聚宁家的干休所很近。大夏天，晚饭后他约了张聚宁和邻居的另一退伍女兵，乘凉聊天，连聊了两个晚上，算是开启了邓家兵哥兵弟敞开胸怀与兵妹妹们侃大山的漫漫历程。那位邻居，叫梅晓云，也是我们连的，跟聚宁同年入伍，同年退伍，两人格调迥然不同。张聚宁1977年考入江西大学中文系，第二年晓云也考入，又成为同系的同学。

  我跟她俩一直保持着友谊。聚宁过生日时，我会单独祝贺，会在战友微信群里挑话逗乐子。没人知道老顽皮为啥这般。其实，张聚宁跟我嫂子同年同月同一天来到人间，她父亲跟我父亲同名不同姓，我当文书接管全连战士档案，立即记住了她的基本信息。她哪知道这多弯弯绕呢，今天也不知道呀。

人生的情怀决定人生的舞台，情怀的大小决定舞台的大小。张聚宁在连队期间，两次在《福建日报》、一次在《解放军报》上发表小说，都是整版的，发表诗歌更多，有这底子，报考大学文科轻而易举。1978 年 3 月，我从陕西回南京，特意绕道武汉顺江而下回南京，中途又去看了张聚宁，看了梅晓云。在江西大学的校园里，聚宁沏红茶放入砂糖，是我生平第一次享受的待遇。坐定以后，话题转到她当年的处女作小说《出车》，就她笔下的主人翁，什么人物描写、内心活动、场景烘托等等，透透地聊了一通。她没察觉我别有用意，竟然感叹我的记忆，时隔三年多，好像昨天刚看完那张报纸副刊似的，一副记忆犹新随口道来的模样。倚着对方的作品把住交流的中心，就是对人莫大的尊重，对方自然也会尊重你的——这套"社会经验"，我刚从大姐那里学来，现买现卖于老战友，效果奇佳。

　　再隔十八年，1996 年 4 月，全连战友北京大聚会期间，张聚宁早已荣任全国作协的高职。她到聚会现场来，扎在男兵堆里，谈笑风生。冷不丁地，我逮住另一男兵的话音，跟她开了个极其粗俗的玩笑，她毫无愠色。我那铁哥儿段岳衡，捧着笑疼了的肚子来解嘲：他们这些当官的呀，平时听不到，别看一个个正襟危坐的，巴不得多听听黄段子呢。

　　在歌厅的休息区，挨着靠椅，张聚宁念起我的名字，悄悄地问："你是不是很寂寞呀？"借着微弱的烛光，就着点歌的小纸片，我写下四句："平生不说违心话，血汗辛劳不计年，建学踏平千百垒，史笔遥尊司马迁。"并注明集椿园老人句[1]。就是近在咫尺，几十号战友的眼皮下，幽暗之中一来一去，她知我知，他人全不知。彼此不用再多说什么，各自心领神会，军营里滚过一遭，绝不会愧对人

---

[1] 椿园老人，即罗章龙，他正式出版的个人诗集名《椿园诗草》，我从 1990 年开始与罗老接触，帮他整理回忆文稿、诗稿。

生的。

　　我也刚刚领教了张聚宁办事的利落干练。老战友们准备集体去八达岭长城，尚缺大交通车，我电话请她动动公车，回答是"不用走行政渠道，走商业渠道！"费用嘛，她一口包揽。分把钟里全搞定，不见拖泥带水。在场的老指导员，连声称赞："看不出来吗，当年一点看不出来，小丫头真不简单！"这老指导员，当年在连队，眼瞅着省级大报、全军大报上发表手下女兵的大作，他丝毫不露得意劲儿，年终总结时，都不会让写进年度业绩中——你在连队之外的成绩，业余水平再高，那是你个人的，连里又没布置任务；身为带兵人，就管你在连里这一段，一个个是龙是虫，别添乱，别惹麻烦事，就谢天谢地了——指导员肚里盘的、嘴上叨的，先别介称斤论两，我耳濡目染，早就一清二楚。

　　〖以上这段初稿传张聚宁本人过目，无异议。传梅晓云看，她回复，与她知道的情节一模一样。文中复述的冲张聚宁的话，与她当天听到的转述一字不差。〗

多行路，多读书

我们当兵时，战士探家有规定，入伍后第四、五年间可以享受一次，在家十五天，路途不算。前面提到，我1973年有过"美差"，回过南京，虽然在家不足一周，有件小事却影响了终生。

那年，月津贴刚加至8元，手头依然月月空，虽不会向家里伸手，也不曾想着为家里"意思"点啥。突然让出差回南京，当然是首长暗中照顾。火车经杭州，我在站台上买了一把张小泉剪刀、一盒龙井茶叶，总共花去两块钱。第一次用自己"挣"的钱，给双亲"意思"一下。

进到家门，父母有点意外，我认真地拿出"孝敬"小件，交给妈妈，她笑了，小剪刀适合她修剪脚指甲。茶叶递给父亲，他问了一句："伍文，你什么时候学会这一套的？"这一问，问得极认真，我完全没有思想准备，不知如何回答。这一问，几十年来我常向人重复，接近千回百遍，婉言面对"好心"的人情。如果说此生羞于"学会"请客送礼，即始于父亲的这句问话，不怒而威，让人容易铭记。

那次回家，逢春节后不久，门楣上的"光荣之家"依然鲜红。弟弟说这纸条管用，至少管彻夜安稳。我俩记忆犹新，早几年里，夜间突然来"查户口"，派出所再加工宣队的人，在大院门卫徐师傅的带领下，随意敲门敲窗，单单进咱家男孩的房间，有目的地突击搜查，乱翻一通，无功而返，却不甘心，总想趁"狗崽子"夜不防备中找到证据，送去接受无产阶级专政的"再教育"。一旦挂上军属户，方才踏实看书，能安稳睡觉，人生感受两重天。我白日里出门办事，身着军装经传达室前，故意放慢脚步，没瞅见门卫师傅，听说前不久病逝了。妈妈告我，大院里家家都送了花圈，她没表示一点儿意思。

时隔一年，可以正式享受探亲假，我跟哥哥约好，安排在1974年4月。我俩都跟连里说明，顺道回插队的村上看看。哥哥要去的丹阳在铁路线上，方便。我要去高淳，得绕路，就得事前报告线路，说明不增添假期，指导员爽快地批准了。

我们哥俩同行，先在无锡停下，看望了亲戚才分手。我找到中学同学也是插友的许氏兄妹。许兄进厂学徒刚转正，找小馆子招待我晚餐，十分丰盛才付三块多钱，无锡鱼米之乡物价之低，印象颇深。许妹进了歌舞团，指定学点儿编剧，正赶上批判《三上桃峰》与《园丁之歌》，我问有原剧本吗？她摇摇头。"顺梯子爬杆啰？""那当然。"后来我通过上海的亲戚搞到剧本，仔细看了，有点看法，搁在心里，只能找战友陈庆聊聊，他是巴金夫人萧珊的侄子。

从无锡往溧阳的南渡镇，转小轮船可以到我插队的邻村，两县搭界处。候船时，看见满处是防震抗震的宣传，一问，两天前刚震过，震中在不远的上兴、上沛两处，超过五级，离我们村直线不足十公里吧。回到村上，农民兄弟们惊魂初定，便大讲起地震瞬间的感受、处置。意外之余，接受地质知识的普及教育，长了点见识，并深信南京不会有大震。1976年全国闹地震，我不太当回事，引起母亲的不悦，说我成"老油条"了。她是大商场的党委书记，最不敢有半点闪失。

分别三年的插友们，依然在生产队挣工分，每天六七分工，各队的工分值都一跌再跌，好一点儿的一个工（10分）仅五六毛钱。我把部队发的鞋、袜、毛巾、衬衣、衬裤什么的，节约下来的都带上了,送给熟悉的男生,本村的女生我实在没啥可送的,买了广交会展品的几把芭蕉扇,意思一下。晚餐在西村范伦那里,同班的老同学,三年间,原本通信就少,再见面几乎无话可谈。油灯的弱光下,白米饭里有老鼠屎,范伦问"咽得下吗"?他习惯地往外挑,我也挑,带上一坨一坨的饭就算喂鸡。第二天,赶班车回南京,邻座是本大队的一位女知青,姓聂,原本很熟,一起打过牌、包过饺子,可一路无话可说,下车时她说:"你当兵几年,变得这么老实呀!"我怎么开口呢!就在几十年后的今天,面对插过队的老熟人,我仍然不敢多说,真怕不知哪一句会误伤人。那一代的知青,底层熬过七八年的,内心的伤痕还少吗?

听说本村的女青年邢春凤也当兵了,就在我们福州军区的一所野战医院。细一问,才知道,1972年底征兵,全县只招了一名女兵,就是我们大队会计的闺女。这邢会计,算是个乡村人物,有故事,可以另写。在村上,原先我住过的草屋还在,换上另一位女知青住。我没能进去再看看,有点懊恼不舒心。更痛心是熟悉的杨家祠堂被拆掉了,前后有三进,有戏台,高高的院墙离我那间草屋只隔三五米。曾是日日相伴的恢宏建筑,再看一眼的机会都没留下,咱这"插"字号人,生平第一次故地重游,竟落得遗憾在胸。退伍后的第二年,大冬天里再次回去,以后又多次重返,总无法消去那特有的怀念。后来满世界知青们有"第二故乡"一说,我不敢用,想想自己配不上。

我们哥俩回到家,并没有再享儿时全家同桌就餐的欢乐。插队的两个姐姐没回来,母亲也特别忙,大多不能正点回家。有两次,饭桌上人少,父亲问我们哥俩自学的情况。哥哥读哲学专著进入得早,父亲就让他谈心得,由物质论说起,哥讲了一通哲学上对时间、空间的概念表述,唯物观的要素云云。哥哥停下时,父亲把话题引向最近的一次天文现象,有颗彗星进入近地点,报纸上预告地球上凭肉眼可以观察到,"你们看到了吗?"我们都说按时注意看了,没看到。"什么原因呢?""被云层挡住了。"父亲发问:"时间存在、空间存在,为什么事物现象没呈现呢?"哥哥猛然明白——条件不完备——立即补充前面的话,把物质存在的时间、空间、条件三大要素补全。

另一次,同一张饭桌上,哥哥就党在社会主义历史阶段总路线的哲学依据,与父亲对话。哥哥认为,以阶级斗争而言,既然有渐趋消亡的"消亡说",又有始终存在的"充满说",哲学上说不通呀。是呀,同一时空阶段里,同一种事物,消亡了就不叫充满,充满了就不叫消亡,自相矛盾嘛。父亲没有做正面回答,只问这样的想法,与其他人讨论过吗?告诫哥哥重大问题谨慎些,不用急于想通,学会把问题放在肚子里,慢慢去弄通;获得自己的理解,比单纯接受报刊的宣传更牢靠。

当时正开展批林批孔,前不久杨荣国伯伯还来家里做客。我们问这问那,知道杨伯伯的夫人陈阿姨溺水身亡。父亲还说,孔夫子的许多话,就是说了些常识嘛,"有朋自远方来,不亦说乎",哪有什么哲学概念,硬加些阶级观念去批判,那能起什么作用呢?父亲依然是建议我们看些书,自己把问题想明白,不要去跟风胡乱瞎批,免得闹笑话。

那一年初,八大军区司令对调刚就位,借着批林批孔,追着调离的军头们的大字报很是热闹,我在福州看过,都贴到咱军部机关院里了。回到南京,听说鼓楼广场一角辟有大字报区,就去看了,没啥新鲜货,乱七八糟的剩余品。且针对吴大胜的多,又多是代许世友挨骂,让人乏味。其中提到杨荣国在全国巡回演讲,都有一二把手陪同登场,在南京是冷遇,一副责问省里头头的口气。我们只感觉可笑,杨来南京,就是看看老朋友呀。这事,直到2021年秋,我的一篇拙文在网上被朋友贴出,才把外界不实的几点给订正了。

整个批林批孔中,"十次路线斗争"的说法很是了得,出自最高领导人,又有最高层的文件。对于我们,就是第一次了解中共党史,大体知道些皮毛而已。没有想到,作为路线斗争"头子"之一的罗章龙,按时间顺序排第四位,初次听说时并未留意,不到20年,我竟与之结缘,成了忘年交,接手大宗文稿,帮其整理回忆录,虽是后话,而在连队时绝没有想到。能够结续特殊缘分,正是当兵期间一直关心着自家姑父刘子久的"历史问题",入伍填表"社会关系"一栏,我从未漏填刘子久;而刘子久与罗章龙则是中共建党初期的老友,所以才有了罗邓两家后来的佳话。

在家时,一天饭后父亲看见对门邻居金逊在家里,就带上我们哥俩,口称去看看金伯伯。我跟哥哥当兵一事,先有金伯伯转告信息一节,他出差途中遇见福州的刘禄长(我们的姑父),回南京跟父亲说起,我们家才步步走顺。金家的两个女孩又分别跟我们哥俩都是同班同学,我们也乐于见见老同学。父亲走前头,刚进人家家门,就大吼大叫起来:"老金啊,我带了我的两个儿子,来看你的两个女儿啦!"一副老朋友开心逗乐子。金伯伯当时已任省革会副主任,匆匆下楼来,简单问问,加鼓励性的几句,我全不记得了,唯有父亲那湖南腔的两句打招呼,被我学他的原话,重复过许多遍。父亲向来不爱带孩子串门,哪怕是老熟人,记忆中只此一次,没坐上几分钟,真诚表达内心的谢意足矣。

在家里,抽空替父母亲理发,几乎就是"文革"以来我包揽的"家务"活,也可以听他们闲话几句。记得父亲说起省革会里的一位头头,没什么文化,他的大儿子就承担起秘书一职,帮他阅读处理公务文件,甚至还参与批改,挺让正派人奇怪的。按说这码子事,不会让我入心的。偏偏多年以后,我跟那位干部的儿子成了同事。一次结伴出差,他谈起家庭成员,弟弟如何用心处人处世,我问起他可有哥哥,他的回答竟让我联想起父亲嘴边的往事,不由地感叹，闲话也有伏笔。再隔几十年，老来回忆磕磕碰碰的往事，无法平复对官场"恶吏"的厌烦。早早远离此类，得益于父亲不经意间的"预防针"。更清醒一层，绝不轻信书本宣传，说什么党的干部多么"无私"地培养接班人，不管人话神话鬼话，权当笑话啰。

父亲还说过姚文元的一则笑话，"文革"前他去上海参加华东局组织的编书工作，其间发生姚文元在报刊和人打笔仗，眼看辩不过人家，宣传部的同志好心劝姚文元，承认个不是，可以收场了吗。姚不爱听，硬扛着。余下的，父亲让我自己去想，还说姚文元这人"几有味啦"。1973、1974年的姚文元，可是赫赫有名的大笔杆子，中央政治局的委员，私下里说他的不是，弄不好传出去，麻烦大了。所以，父亲只讲半截，话音留着。妈妈呢，则说起她在新四军里，替陶涛大姐剪发，一不小心，"哎呀"一声，剪到人耳朵，流出血。妈妈晚年写回忆，仍没忘这情节。

回部队带哪些书，父亲由我们自选。我记得范文澜的那套《中国通史》是回连队以后看的。当时对奴隶社会、封建社会分期，也只注意到皮毛，知道范文澜与杨荣国、郭沫若的观点不同，深层的学术分歧何在，没再钻研。今天回想，读那几大本的范著，脑中留有印象的，仅限对中唐时李泌的评介，三朝辅宰，乱世中做实事，安定天下，保全自家，外表假装一套，不乏装神弄鬼，骨子里另一套，不与人结怨，不记私仇。这一套，我不但乐于默想，也用来观察他人，指导员的极爱开玩笑，大大咧咧中谨慎行事，有霄壤妙连般禀赋，不得不佩服其功夫。

返回连队时，我单独先走一步。经上海，去江南造船厂参观，找到陈庆的母亲（副厂长），她派办公室主任引着看船坞上在建的潜艇。接着又一人去嘉兴南湖，烟雨楼记下董老的题诗，岸边系着条画舫，立有简易牌匾说明。大致转转，自然明白，眼前的"红船"并非就是历史原物，无非由后人在湖上寻得似像非像的一条，就认定下来。

再赶着点去杭州，直奔灵隐寺，在飞来峰前，左看右看，怎么也不明白，为啥叫"飞来"呢，完全不像会飞呀。当时没有导游、没有游览手册一类的，游人也不多，无法弄清佛家的故事。

赶到火车站，准备登车继续南行。远远看见同连队的战友张建生、马东辉两北京兵，他俩也是探家返榕，刚玩了西湖。三人一合计，剩下的假期、车票的期限，都允许我们再玩一下金华。毫不迟疑，一路结伴同行。

叶圣陶的《记金华的两个岩洞》，入选老的中学课本，他俩不知道，我虽听说，但还没读到，得上初二以后。具体是哪两个岩洞，我们并不清楚。

来到双龙洞前，外洞开阔，游人稀疏，寻见点点石刻，字迹模糊。进内洞，得听从指点，两人并肩平躺在小船上，面朝天，两腿不能弯曲，手臂不能乱摸，不用划桨，靠内洞有人拉绳。小船动起来后，慢慢地就见黑黑的一座山，从腹部压到鼻尖尖，一阵漆黑中，把手稍稍抬起，能摸到头顶的岩石，半信半疑钻到大山肚子里了。没一会儿，透来微弱的光线，渐见大山从脑后退去，人可以坐起。上岸，又见一个更宽大的溶洞，游人更少。我们伫转了两圈，没敢滋生题写"到此一游"之念，心满意足地原路返回外洞。原位躺下，方向感换了，先是看着大山从脑袋背后快速压来，又快速从脚下溜远，可能拉绳的速度加快，主观的陌生感没有了，四平八稳中，体验人与山岩的相对运动关系，没感觉自身在动，只当是庞然大物贴面滑过。

洞外阳光明媚，我们伫择地休息，正笑谈不虚此行，忽然有人提醒，往上面还有洞呢！一问才大悟，所谓"金华的两个岩洞"，并不是双龙洞的外洞和内洞，差点误了后半场。三人拔腿就去，如同在荒野草丛间寻路，终于摸到冰壶洞口，隐隐听到洞内有水响声，便沿着湿漉漉的台阶，小心翼翼往洞里去。水声越来越大，一束探照灯光打向对面，定睛细看，雨露般飞沫中有一挂瀑布，瀑宽达丈，水流如注，直泻洞底，不知几深。

扶着栏杆，站立于小小的平台，与瀑布迎面而立，第一次感觉山河浓缩，壮美得惹人收入眼，藏于胸。有声有色的画卷，不停地在眼前放映，却无法定格。可以拾级而下，凭借昏暗的灯光，直至深谷般的尽头。那瀑布需仰面而观，大水注入底潭的轰轰声，也变为从头顶压来。那股奔流的水，向石缝中夺路消隐。

身处潮湿世界，我们没敢久留，朝洞口退去。每走几步，停下看看，上上下下移步而换景，不舍离去，又耐不得水珠溅满一身。

出到洞外，见有郭沫若题写的诗碑，我们仨开始逐字逐句地辨认，"银河倒泻入冰壶""满壑珠玑飞作雨"都能读出，一句"压倒双龙何足异"，当场深有同感。最后抄下似认非认的全诗，留作私下纪念回味。圆满结束两个岩洞游玩，难免几丝得意，一整天所遇游人稀少，我们如同玩野景似的。若干年后，我有机会两次再入冰壶洞，被改造得面貌大异，感觉却是越弄越糟，处处炫耀灯光，靠胡编故事附会解说，全不见溶洞本色，不见山水野风，太想找回仨大兵初游的享受了。

回到连队，并不敢声张一饱山河的眼福，似乎只是老老实实地回了趟家，圆满省亲，归队来为革命事业继续埋头苦干了。当时的军队，并没有"行万里路读万卷书"的教育，绝不会鼓励年轻战士多读多看多了解外部世界。我也不是自觉于此的好兵。

辍而有学多"心事"

当兵之前颇自由自在，走出校门家门，住进乡间草屋，才十六七岁，半依赖家里，半自己管束自己，少年玩心没收净，成年心事没发育，一晃，两年过去了。那两年，没有也不可能定出个像模像样的人生计划，人尚处在渺茫之中，看前景心中无底，哪顾得上迈步的方向呢。曾经有一句歇后语，"苍蝇撞在玻璃上——前途光明，走投无路"，就是针对"广阔天地，大有作为"的最高指示。恍惚间，换场换到连队，吃穿住兜底大改善。不知不觉中，适应起环境，费力处置起多种关系，那"心事"二字自然会袭来。

心事临头，算不算一门必修课呢？人到如今，已不是该不该回答，反倒是如何去叩问心路的历程，有无敢于解剖人生的勇气了。无论如何，最后的结论可能都会感叹命运对我够眷顾了，如果没有这一连串的幸运，我完全会是另一种活法，今天的我完全会是另一种模样。

回想且清晰，截至1972年的6月，将近20岁时，才真实感到"规定"课目不会再有，往后该是"自选"课目了。所谓规定课目，意思是被动地去接受的课目。如果做学生，就得念中学、大学的课本，一门一门地考试过关；因为在部队，学通信收发报，滴滴答的一套，收报勉强跟得上，发报根本过了关，属于被淘汰的。这类人有一定比例，部队并不歧视，而是另学其他军事技术，尚属正常改行。就在报训班临结业前，可能滋生尴尬时，我被选去当文书，套用"因祸得福",真是命运的特别眷顾。全连上下,几乎没想到,甚至两三年后,仍有老资格的连里人,批评指导员用人不当。

等我缓过神来,适应新岗位后,才感到没啥可学的,唯独可以自行安排读点感兴趣的书。从大形势讲,从批陈伯达到林彪倒台,鼓励学理论的风渐浓。大军区开办过理论读书班,也被点名去听过大课。从家传讲,父亲他们来信,希望我和哥哥学点真知识。这个档口,得再提一下杨荣国。1972年底,《红旗》杂志上发表了他谈古代思想史的文章,我读了,还写信问家里人。1973年3月,军部照顾性地派我上南京出差,其实是让我回家住两天。返回军营时,带了好几本书,就有杨伯伯签名赠送家父的两本。

耳濡目染的效应开始了,父亲和杨伯伯的亲身经历,让我毫不犹豫地相信人生中自学也管用,学校、文凭不必多想。刚二十出头,真就用起心,要摆脱泛览,走上专读。

按照父亲的指点,把读哲学放在前面。他首肯艾思奇领衔为中央党校编的那本教材,我花了大量时间,边读边认真做笔记。如果说是攻读,不如说是死读,只因讨论心得的余地太小。读着读着,从物质论、时空观、条件说到几对范畴过后,开始进入三大规律、辩证法的部分,被逻辑思维与辩证思维的"拦路虎"拦住了。没有什么人指点,转而开始自学起形式逻辑。今天回想,我们所经历的教育中,严重缺失了形式逻辑课,可以说是中国教育设置上的大病;幸好有过一次自我救赎,才没被害得太惨。

为学形式逻辑,自己逛书店买来读本,打开来就不去死读,做笔记就在大张的白纸上列图表,如同时兴的"红楼梦"家族关系图表、中国历史儒法斗争图表一样,读一章,画出一块,勾勾连连越来越多,知识的框架便清晰地印在头脑里。图表挂在库房一角,那里是我自辟的读书角,日夜无人干扰,颇惬意。

记得介绍"概念"和"判断"时,判断句有前项后项的区别,注意对调后的效果，书上举例"对顶角是相等的，相等的不单是对顶角，还有同位角、内错角"，我一头雾水。赶紧去问连里的高中生。刘卫平随手画了两条平行线，加一条斜线，指指点点几句，说是中学几何第一课开场五分钟内必讲的。打那天起，我又想到，哪天有机会，一定要去自学数学、几何，补补中学没学的。

不两年，退伍进了地方的科研所，接触到基础的逻辑门电路，与门、或门、非门等等，再怎么拼拼绕绕，没被绕得昏头，可能就是先已尝过形式逻辑的甜头。再后来，涉及近代史的一段课题，严格以前因后果的逻辑眼光去审视史事，格外注意打好日程表。这些，正是潜心自学的自我回报。

连队里学到的那点子中国诗词知识，在后来帮老人们整理遗稿方面，也起到了预想不到的效果。曾有老人竟会笑着问，你是从哪里学的这些知识。交流起来，谈"文革"中辍学的一代，辍中有学，尚不多见。当然，中年以后，我也有过暗自后悔，没有很好地利用连队的自由，抓紧去学更多的自然科学基本知识，数理化、外语，全都停在中学生门槛外。

二十上下的"心事"，还有另一层意思——"进步"，即对入党与提干的思虑。那个时代的人，如何看待入党，几乎是衡量的一大标杆。

年轻人到军营里，入团是基本的，如果服役期满，还没入团，特少见，我在连队五年，只有两人有此待遇，分别是1971年的北京兵孙××，1973年的福州兵周××。孙的缺德故事，另开章节写过。周的有趣故事，全在退伍之后，且免去吧。他告别连队，由指导员王德风护送回家，当面交人给父母亲。周的父亲算老红军一级，参加革命早于"七七事变"吧，但职务并不高，只是个处级。老人得知儿子连团员都不是，当面责问起王德风，想问个为什么，可王德风并不接茬答话，任老头儿动怒，数落连队教育这不到位，那也欠缺。王德风赔上一副笑脸，等老人没啥话可多说，把大活人留下，客客气气告别出门，跨上摩托车走远了，自言自语地回敬两句："什么老革命，就这水平呀，问问你自己怎么教育儿子的！"

城市兵，不怕退伍，甚至巴不得早点脱军装。农村兵可就大不一样了，谁个不盼能在部队留下来。留下来，只有一条路——提干。提干，在我们连算是名额较宽了，单单报务电台这一块，就有二十多个排级干部的编制，只要新兵时被选了学收发报务，约莫小半数可以提干。

为提干而暗自较劲，内卷竞争的，多发生在其他班排。1969年入伍的河南南阳兵中，项班长和阎班长之间，硬是"拼"到最后一刻。他俩所在二排长的位置几年才换一次，全排三四十号大兵，敢于觊觎排长位置的，只有老班长。项是一班长，阎是二班长，参军的第五年即1973年，秋后要铺设地下电缆，从军部到军区通信站，预定任务每个战士每天包挖5米，深度1.5米，埋下胳膊粗的电缆，再回填土方，作业强度极大。全连拉出营房，借住在工地附近的学校教室，每天早早出工，天不黑不收工，晚饭之后，人人倒头就睡。

项、阎俩都能身先士卒，他们领头的两个班，是全连的主力，完成的任务远超连平均数。接近完工时，项班长累得吐血，送进110医院救治。阎班长的招数则大不同。他俩带兵干活，一个爱催人快干，看不得战士偷着歇两下；一个时不时劝各位休息一把，抽两口土烟卷；一个爱叨叨，咱班今天不能输给人家，一定要夺回流动红旗；一个不大吱声，今天咱们能干多少干多少，能帮人家就最后去帮两下。他们的排长（姓单）是1966年兵，近期不会挪动位置。排里这两个班长文化程度不高，不过就为争取留在部队，无形中竞赛"进步"，尽到了最后的努力。留不下来呀，连队没他们的位置。军营里不缺浑身猛劲的苦力，多几分机灵或许能被留下。

为了让项、阎俩都"服从革命需要"退伍回乡，连里破例申请上级给他俩各记三等功一次，还替项班长另加了一份"推荐"材料，希望地方政府给予照顾安排工作云云。项是接过那份推荐才含泪告别军营的。

我一直关注他俩回到南阳后的生活。听说阎班长去了新疆，与战友们再无联系。项班长有个姐姐，学校毕业分配在西宁某国营大厂，与厂长的关系不错，厂长的女儿患过小儿麻痹症，留下残疾。项的姐姐就动员弟弟到西宁，入赘当了厂长的女婿，办成户口"吃皇粮"。故事并没有结束。据说项老兄很快就离婚，拿着城镇户口回南阳另发展，另建家室。

在高强度的任务中，基层干部分别带队参战，上级搞个评比竞赛，这套组织管理方法，常收预想不到的效果。在埋电缆工程之前，有过抢架通信干线的工程。那年，军部从福州城里屏山搬出，把地理位置绝佳的山头让给省革会（今天的福建省委省政府）。大搬家，接着架设通信干线，连里两位王姓副连长，各领一拨人，南北两端同时开工，中点汇合。他俩都有可能提升转正连长，1956年参军的王长山如愿了；1958年参军的王修体却干出大病，得了急性肝炎。我到连队时，王修体结束长期住院，回连队休养，不能跟大伙同住一栋楼，就在菜地边的平房里单开一间。他身体的各项指标始终没有恢复正常，最后只好带病复员，回夫人的家乡安置，没几年，逝于肝病。王副连长的遭遇，成为"干得猛，搭条命"的实例，也是亲眼见证最早的一例。他的儿子叫多多，照片上写着"笑多多"，如今该是五十开外了。那张可爱的照片，与副连长从无血色的脸庞，清晰印在我心底。

连队里，懂得城市兵、农村兵的差距，再结合"进步"的意义，作为个人，才算具有"心思"。1973年以后，连里的干部、老兵们，私下交谈的，无不是复员退伍后的去向如何。我自然关心知青当兵退伍后的政策。江苏省每年做一次安排，迟迟不下发正式的延续性的文件，因为"资产阶级法权"的大帽子随时可能飞来，省革会的头头脑脑步步谨慎。进部队当了兵的，能回城市的，都选先入党再走人的路。私下的互相攀比，悄悄计算入伍后多短时间里能入党。亲戚朋友圈子里，异口同声，鼓励我入党回家，照顾好老人。自从1966年"文革"开始，一家子受冲击，折腾八九年下来，基本格局明朗，能回到父母身边，照顾好整个大家庭的，我就算是可依托的男子汉了，因为哥哥先已提干，一时半会儿走不掉。

连队当文书，入党是不成问题的，按说多半是入了党才去当文书，偏偏我是反过来，干文书快三年了才解决组织问题。怨不得别人。那三年里，经历了一个马鞍形，由小心谨慎到傲气十足，吃了一番苦头再咬牙忍受。中间的那次跌宕，我主动请求党支部给予纪律处分，以此报告为转折，与明里冲突、暗里挡了他升迁路途的人，划开距离。我惹的事，我出的岔，我认栽认霉，不怨他人，昔日手把手培训咱的老战友，多来自农村，原先吃的苦比咱多，何必两败俱伤呢。最终是各走各的路，没有什么不可原谅的。

指导员在支部大会上、军人大会上代读了我的"检讨"（通常是检讨人自己读，以示认错，接受批评），宣布警告处分。但是，我刻意写下的一段文字，指导员没有读出来："如果耍个人小聪明，搞神不知鬼不觉的小动作，欺骗领导和同志，想蒙混过去，那既害了自己，又害了同志，更严重的是害了革命事业。革命战士受党教育培养多年，怎么能这样做呢？"这段话，分明是另有所指，准备反击。假如在连里公开，恐怕矛盾会更加激化。指导员和连里干部们，肯定有过通气，定下收场办法，却没有找我做"个别谈心"。

按程序，军人大会上宣布给予什么处分，第二步应该填写"处分决议"装入档案，可根本没履行，被指导员悄悄地压住了。整个连队在"风平浪静"中度过了一次重大"泄密"事故的严查严处，实质性的不了了之，集体荣誉、个人荣誉，全无伤害。

〖重新回忆这段往事，有些曲折，全过程交代不够清楚，看过初稿的几位朋友提出意见，希望我认真修改或者删去。

说实在的，我只求自己不忘掉，且不愿刺激他人，才写得含糊不清。如果需要，我可以原原本本写出"泄密事故"的细节，记录着全部事情的几份文字材料，作为党支部向上级的汇报，以及我的请求处分报告，都留有抄本，一页不少。留着它们，主要是告诫自己吸取教训。

所涉及的当事人，他们可能已明白巧借别人之过失出手损招，毕竟不厚道。半个世纪了，不管战友们还记得或不记得这事，事件本身没有再发酵，没有继续伤害战友感情，算是很美的结局啦！

今天我谨秉持"真"与"善"敲键至此，文辞欠美就顾不上了。

——2024年8月补充说明〗

"革命队伍"可以像没发生什么事故一样，"革命的螺丝钉"也就可以像不碍他什么事一样。表面上从此老实做人做事，决不偷奸耍滑，骨子里对整个革命队伍的本质产生了认知性的再思。

"你打虾我打虾，咱们都是为国家"（语出当时马季与唐杰忠的一段相声）演化成了"你不打虾我不打虾，咱们都在耗国家"，口头禅般哼哼唧唧，大不了铁了心地"耗"吧！任何情况下决不先行不义，既然"你不打虾"了，就怪不得忝列尔曹的我无奈奉陪。

也正逢此前后，批林彪揭"黑话"，其中有"诱以利禄德"一句，所谓用人之道，太赤裸裸，高端秘诀所在，不就是催人卖命嘛。诱吧诱吧，看看他还能再诱骗谁。胡填过一首词，词中"醉功名、已过二十年，何未歇？"最合心意，默吟不舍。

大当上不得，小当也不上啰。我这一生，算是真实尽心尽力于"革命事业"的，连队一次，研究所一次，电视台一次，短暂投入过热情，由盛而衰，由衰而竭，句号最终画在 1989 年间。革命队伍里大人物、小官员，以至努力"进步"的各色人，看多了，看清了，自然想到自身如何处置。学乖些，莫挡住人家进步、晋升之路，做人的道理能比革命的道理复杂吗？

个人直观感受到的"革命"，与宏观理念飘浮着的"革命"，并无深沟隔阂。压在我心头的，另有一块石头。因为自己管着自己的档案，这是连队文书独有的特权。中学时期班主任老师写来的两页材料，曾"引发"我写下检讨，又塞进"邓伍文"名下的档案袋中，分量可不轻。尤其那两页，"成绩出众，思想复杂……一贯捣乱课堂秩序……把革命的歌曲唱成反动的内容……为他三反分子的父亲翻案……"如此云云，足够我吃一辈子啰。

当我得知对退伍老兵档案的处理，有着明确规矩，凡是没有组织结论的材料，一律上交政工部门销毁处理。为了一生的轻松，卸掉"石头"的办法就是争取早日退伍。说到做到。因为对班主任笔下的"评语"，几乎可以倒背如流，回到南京以后，师生终于重逢，我发泄过怨恨，想不到的结局，老师竟在班上二十多老同学聚会时，当众向我道歉。她那当上名校校长的丈夫也说，如果不道歉，他们"一辈子都不得安宁"。前嫌冰释，误会消融，我们师生又坐在一起，再谈"革命"理念，她会笑着说"很多事很滑稽"。[1]

经历过辍而有学，这一课那一课的，回到父母身边时，母亲感觉我成了"油子兵""油条党员"。我跟老同学聊天，说话出格。她

---

[1] 编排此书的前一年初冬，班主任老师不幸病逝，我闻讯从上海赶回，参加她的遗体告别，趁最后的机会，伏跪在地，向老师行三叩首大礼。隔日，写下长长的悼念文章，表达内心，我何德何能，竟让老师当众向学生道歉，一吐憋藏许久的心底话。师生间原本应有的坦诚关爱，失而复归，真是活生生的一段文革史。——2024 年 8 月补注

忧心忡忡地训斥：你们将来怎么接革命的班呀？"马列主义老太太"们绝对没有想到，也没有听到，当她们一转身，跟上来就给一句讥诮：谁稀罕你们那个烂摊子哟。

母亲嘴上说的，有时与心里守着的并不一样。她从来不问我"进步"的情况，对每个儿女的"进步"她也不多过问，上职务、评职称，她概不发声，不喜不哀。直到整理她的遗物时，我才看到她亲笔记下与父亲约定的"家教"原则，只希望孩子们成为"自食其力的劳动者"。回首我在连队的那次"请求处分"也正是学了母亲的榜样。她担任某公司书记时，下属部门发生重大事件，大片中毒，死了人，母亲一面抓整改，一面自请处分，绝不推诿过失。自幼上学懂事起，多次听过这段"家传"故事，母亲在怀念老省长的文章中说过此事。

敢于忝列奉陪着"耗国家"的念头生成了，越往后，越不会去甘做什么螺丝钉；再怎么地，好歹是个大活人，得有自己的灵魂。死心塌地加入这个党，瞅着党人们以革命的名义，胡乱折腾，默默定下戒条：不拉别人进来，学会从里面去对付巧伪之人（那时斥巧与伪，后来称之双重人格、两面人）。在别的场合提起这话，可能难找实例，在电视台混一圈，可以傲气十足地说，与"流氓主任、主任级流氓"的周旋；当着台长的面投出弃权票，单单针对台长跟班秘书入党表决之刻。独持异议，都是身在"里面"的坦然之举。

回顾顽皮的一生，完整的小学学历，曾带来乐趣多多，中断的中学学历，失却的大学学历，恰恰因"文革"的十年。卡在十年当中，只有连队的五年，犹能启齿谈点自学。"文革"结束的同时，我进入一家军工研究所，第一位指导干活的技术员（四川人老陈）就说，在部队两年就够了嘛，待上个五年，党票管啥子用哟！被人这么一说，我一阵脸红。这话放到今天，在里面"干"的心事，一咬牙坦荡荡，《又好玩又不好玩》的拙文中，借着党员教育小结，如实写过——

　　我二十多岁入党，先后参加过三次带"全面整顿"性质的党员教育活动，三十多、四十多、五十多各一次，三次留下的印象全都不太好玩。……

　　2004年过后，"保持共产党员先进性教育"来了……随着"教育"深入，上级要求人人结合本职写"书面"表态。我感觉不好玩，迟迟没写。支部管事的一催再催，催了近一个月，似乎是限期临头了，我才问起有何要求，如何写，听得"内容不限，字数不限"，赶紧表态，一定按要求办，绝不拖支部后腿。不过一会儿，书面表态完成，直奔管事的办公室，乐呵呵地递上。我用了最简洁的语言，在"党支部"加冒号下，大大地写下一"干"字，签上名，注明现任工作，仅此而已。这位管事的先是一愣，立马想起先前的布置与解释，自知不可食言，面带异色地收下了我的"书面"表态。作为党组织的代表，代表党组织说话时，是绝不可食言的。"党"说到做到了，党员也会说到做到的。

　　比起那些千言万语，虽然只用了一个字，但我并无愧疚。因为那是做人做事的真实。我甚至还想到，如果全体党员都讲真话、唯实干，或者说每个人都跟共产党干，有什么不可改变呢？

　　接下来，"教育"的压台戏，支部会上人人过堂。轮到我发言，径直搬出"马列主义老太太"的老母亲对我这个儿子的评语——"油条党员"，又认真地自我批评一段：五十多岁了，对自己有个粗略估价，"三十年跟共产党，没玩儿好，基本是一副旧模样。根子就在玩心大于自我改造之心，玩心所致，决定了言行轨迹。"确实，入党以后，感觉越来越不好玩了。

　　　　　　　　　（2014年9月下旬《又好玩又不好玩》文）

到了 2025 年，退休老员工的支部通知我"光荣在党 50 周年"，又勾起一阵胡思乱想，简约凝练划出两页，小结自连队开始的人生成熟（有《〈自嘲〉的自释》文，不另附），约莫在离开"大熔炉"往后，个人的思想观念、价值取向便基本摆定，不再迷茫。经历 1976，近现代中国历史上最为奇特的年份，加上家庭突发变故转折，一步一步到今天。

一篇自我小结，躲不过满处大谈的"红二代"，无奈而自嘲，绕不开的人生话题。身受感同于满处的冷嘲热讽，焉能无动于衷。掀开遮遮盖盖的那层纱，翻看那堆真真假假，不妨设问：可敬可爱的父辈们，因国运不堪出走乡关，搏命四方，投军投党投政治，获整套辉煌，你们掺假了吗？血腥了吗？再作追问：传给下一代时，训诫中又如何做到去假存真？治与被治，家长与晚生，可曾轮番跌入互相装假中？

活生生的局面，可以简单概括：下面的逐渐不再相信上面的话语了，却在表面上仍然装作相信并服从的样子；上面的明知下面普遍都在装假，却不断寻取假装的服从相信来滋润满足；上上下下，双方谁也不去揭去遮盖纱。"正规场合"的发声，与"私下场合"的发声，善于说假话与维持诚实品德，矛盾痛苦交织。官场总须应付，家教最要诚善，几十年无法摆脱，甚至深陷至今。

无需掩饰的困局，失信泛滥，令人头疼不堪。好在我所遇的"上面"多呈异数，我习惯甘居"下面"，安分守己，偶尔串场不安分角色，只图好玩一生。

遇上"土八路"

军营里称女兵为"土八路",这叫法怎么来的,我不知道,别人叫了,我能明白啥意思。过去我从不这么叫,如今,借这个词,就扯扯内外不同的故事。

大概处于前线,属基层,我们连早先并没有女兵,清一色和尚头。等我1972年当了文书以后,翻花名册,见女兵资格老的,1969年之前入伍的也才三名,且都不是一参军就到我们连,全由大军区通信站划拨来。不难明白,原先咱炮兵司令部跟大军区机关靠近,没自设通信机房。1969年底炮司大搬家,移至闽侯县的城门公社地界(也可以看作福州市的南郊,如今高铁福州南站的附近,向北的山包之下),成为单独的军事机关,军区通信站就帮司令部新开机房,那三名老兵调来我们连,成为话务、电传两项业务的骨干。接着1970年以后,逐年补充,女兵占三个班的编制,常年保持十多人,由专职的女干部同吃同住管着,郭桂华、谢来凤两人即司此职。到1976年连队解散,女兵的战勤编制又归新单位。那时我已经跟部队说再见了。

回想在文书职位上,见过上了本连花名册的女兵也就二十来号,若让我再来倒背花名册,诸多芳名可以一个不忘,哪一年度的兵,一说一个准,若复述活生生的芳容,那就难忆高矮胖瘦了。我跟女兵们几乎没"拉呱"(带闲聊性的没话找话)过,大凡以连部名义出面交涉的事,我上她们宿舍外、上她们值班点,办完事儿,不会多一句"拉呱"的话,更无逗乐打趣的念头。不为别的,只因在指导员身边,他管得紧,我总结过他的"名人名言",第二条便是"咱连里多啥也不能多出人来",谁让他手下一个连的大男兵,又添一群女兵,个个青春正当,"多出人来"那可不是闹着玩的。我曾半带夸张地写过一则小"花絮":

"男女搭配,干活不累"乃人间公理。

1月里,指导员新上任,晚点名时必对男兵们说:"你们呀,不要老盯着人家女兵看!看一眼不就够了吗。"2月里,他逢会就说:"你们呀,干嘛老盯着人家女兵看?看两眼就算了嘛。"

挨到了3月头,男兵们满心以为会"放宽政策",得准许"看三眼"了吧。哪知指导员却细声慢语问道:"我听说'男女搭配,眼睛最累',我请问一个个,老盯着看,你们累不累?"

"不累!"男兵们齐声吼开,指导员顿时服了:"唉——,我总算体会到了,男女兵搭配,指导员的嘴最累!"

"别老盯着人家看吗",指导员爱挂嘴边,一点不假。人家女兵那边"告状"频频,才培育出他这句口头禅。指导员会在餐桌边刚坐下,就叫通信员把谁谁谁叫来,他端着个饭碗也盯着人,能把人盯得心里发毛,看你下次还怎么盯人看。三两句打发人走了,转过脸自然要对同桌吃饭的连部小兵们敲打几句。我耳朵都快生茧了,敢不小心?要是被告上一状,脸往哪搁。可以说,军营生活的五年,对编内的"土八路",我很陌生,一个也不熟。开始同其中一位两位乃至多位搭上联系,续开战友情,通通信,通通话,到微信频频,有说有笑,完全是退伍之后才补的课。

我刻意分开"编内""编外"的"土八路",当然不是随意的,自身自有故事,不宜隐瞒。看中共党史老人郑超麟写《革命与恋爱》,

通篇是中共创建初期的男男女女,更是赖不掉地把他自己照摆上,那我也来效颦一回。

因我哥先一步提干,我当然得退伍,对家里对艾姑和刘司令都好交代。决心定下,丝毫没声张,连里的几个头头脑脑也没看出什么痕迹,一切如故。可终于有一天,副指导员陶建平指着饭桌上未拆的一封信,笑嘻嘻地问来信的是谁,她在歌舞团干什么呀,一副干部关心战士的标准模样。他凭笔迹就认定是女孩就算了,而且能说出"她来信很勤,每个礼拜都来嘛",我知道被他盯上不太妙,就老老实实说实话,同班同学,在歌舞团跳舞,还在学编剧。因为不承认有其他关系,老陶也只好老调重弹:"老兵谈恋爱,要向组织上说一下哦。"

那是部队的天条,我很清楚,哪能不知轻重呢;真是初恋了,也不敢瞒着陶副指导员呀,他这人,对付干部子弟的一套,我更知道——可以把信原封不动交给你,也敢于以连队党组织的名义拆开先检查一下。

我的那位女同学姓许,插队时我跟她哥哥同屋住,同铺板睡过几个月,我们仨中学是一个班,插队在一个村落。兄妹俩早早离开农村,是被学校所在的区政府派人下乡来摸摸情况,把年龄小不宜插队的调回城里了。我自己插队时仅 16 岁,他俩各小我一岁两岁,当年都是五年制小学,妹妹凭关系早入学的,这才轮着插队,又被抽回去继续上学,不久再随父母下放回原籍无锡市郊。等到二次中学毕业时,许哥分配进工厂,许妹分配进歌舞团。因同学兼插友,我俩男生一直保持着通信联系,我也会带上一句问他妹妹好。

忽然有一天,许妹妹单独给我来信,把我吓一跳,回信时问了,你怎么知道我的信址的。没承想到,许妹同学写起信来越来越认真,一封接一封,我回信当然也一封接一封。三来五去,像卡着日子般,到了日子就见信,咱那副指导员贼精着呢,"组织关心"恰到时机临头了。

　　频繁的通信，谈些什么呢？完全离不开当时正统青年的本色，什么文学、诗歌、小说，还有社会生活、考虑入党、复员军人回地方发挥作用，等等，都在交谈之中。此外，我必定多一句，代向你哥哥问好。正因为如此，回答副指导员贼精贼精的关心，我脸不红心不跳，没让他逮着破绽。

　　打破老话题，仍由许妹先开启——好像那层纸也该戳破了——终于有一天，她单刀直入：你对婚姻、恋爱、家庭什么想法，怎么看待。直截了当地抛来这几句，并不附带小女生自己有何想法，存心让我先开口。咳！我的好同学，你真会出题考验人。似乎轮着大男生抓耳挠腮了。幸好我胸有成竹，按时完成"作业"，接过其所问，抒发吾所思，准确正点发出回信，且洋洋洒洒，毫不躲闪退让。

　　当时先打了个底稿，留在日记本上，如今老眼昏花，再打开昔日的本本，略能明明白白地复述出回信的要点，就是围绕"人类自身的生产"而谈，出口便是：家庭和婚姻问题的重要性"乃历史的决定因素之一"，又是"制约社会制度、决定人们生活方式的两种生产之一"……

　　其实，我也是临时抱佛脚，迈进司令部的图书阅览室，瞄上了恩格斯的《家庭私有制和国家的起源》当法宝。按规定不属于战士阅读种类，我没资格借，找来通信处袁参谋的借书证，借回连队，灯下苦读马列，才有了大言不惭的底气，正逢1975年的大形势，且谈资产阶级法权呢，我就铺开信纸，哗啦啦地写道：

　　　　阶级社会中，家庭制度完全受所有制的支配。我们所目击的爱情溶于商品交换的事，只不过是旧社会所造成的财产关系遗留下的痕迹；至今仍然存在的条件，不外是家庭作为社会的经济单位的第一个性质生产单位基本上已经消失，第二个性质消费单位远没有消失。……从根本上言，婚姻恋爱观是受家庭性质决定的。只要个体家庭的经济性质没有消失，对选择配偶的一切派生的经济考虑是无法彻底消除的。……（存稿日期是1975年10月5日）

信长着呢，开中药铺一般，罗罗列列，今天完全懒得抄录了。那信寄出以后，结果全在预料之中，不用多说，两端的冷热不在接应点上，焊点出现松落。许同学连半个字的回话也不给，干脆不理睬"理学"气横秋的大兵同学了。请不要多猜，就在那些日子里，有谁知道俺浑身潜藏着的是暗自得意，而不是失望沮丧呢。

没过多久，我就正式向指导员王德风表明，脱军装回家，家里困难一大堆，老母亲希望我帮衬一把。他当然要仔细盘问，最后感叹一句：牙齿和舌头搁一个嘴巴里，有时还会打架呢，希望你们家呀……

转过年后，我退伍回到南京，刚把工作安顿好，指导员借出差机会上南京，径找到我们家，一进门不免吃惊，满屋花圈，我父亲的丧事刚料理完，他临时充当千里吊客，慰问开我母亲，问起家中的情况，连连说小邓没有骗他。只因家中兄弟姐妹多，唯独大姐结婚成家了，后面一串都要先安顿自立，才能谈婚论嫁，我靠后排，哪能不经父母同意就超车前行呢。

所以，我给许妹同学的回信，就是踩一脚刹车，悠扬地按按喇叭。我只有这样才不给老母亲添麻烦，也让许妹心里过得去，即使许哥同学知道，问起我，问起他妹，进退如何，双方都不会失掉解释的理由吧。我们仨的老同学、老插友的老情谊又恢复以往了。

别以为我在"后补叙事"中自诩机灵。大约隔了好几年，我到无锡，又去见见老同学，从他俩嘴里才知道，当年许妹突然给我写信，是因为遇上有人上门提亲，介绍的对象是连级的复员小军官，父母没意见,就看许妹乐意不,她借跟我通信,抵挡着纠缠。哎哟哟,这又算演的哪一出?我哪知道呢。可假戏总得收场呀,一旦落幕,自然平静如常。借用老电影台词——"各庄的地道都有很多高招,高家庄和马家合子的地道就是不一样"。从另一意义上说,许妹教会了我怎样应付"土八路",在人生的道路上迟早要明白"八路的,狡猾狡猾的……"

连队解散的前夕,各人的去向还没有正式宣布,而我归心已定。准备告别我们连那群"土八路"时,她们压根不相信我会脱军装退伍,一个个争着跟我打赌,当我赢下八斤水果糖时,却一粒也没见兑现。二十年之后,老连队战友在北京大聚会,当年谁欠了我的,"赌债"得还呀,"土八路"娘子军们开开心心地认账,我老老实实地收下一份份偿还性礼品。

(以上章节写完,立即发送许妹同学看,想知道她的反应,合适否,宜敞开吗。大出意料,她再次使出"超前"的招数,甩出一串超前之语,令人无以还手,我只有再次感叹:八路的,狡猾狡猾的!)

连队解散有"热闹"

1975年往后,全军整顿,我们连的命运是:解散。命令一下达,全连170来号人头一分为三,一批骨干转到下面师团去,一批转业退伍回老家,一批留下并入新组建的战勤分队。扎扎实实的句号虽说画在来年3月里,可1975年的秋冬以后,全连的中心就是"解散",得贯彻中央军委的整编令。

1975年的大热天里,三位上海籍的连干部同时转业,留下职守的指导员还是王德风,陶建平临时改任连长,他俩自然是支部的正副书记。全连大抵是七八个党小组,正常运转。我是连部的文书,党龄不到半年。往常,每逢支委会上同意党小组的提名,准备发展新人,就从我这儿拿入党志愿书(党表)去填。这空白的党表,备上几份、最多十来份足够了,用光了再上机关组织处去领取。反正不值钱,伸手时没个手续,小通信员往组织处门边一站,开个口,说领几份就给几份。

连队解散前,照常在老兵中发展新党员,支委会把关挺细,分好几次才讨论完。到我这儿来拿党表的,昨儿一批今儿一批的,上午几个下午又是几个,我只好指派通信员上组织处,跑过几趟如今也不记得了。没承想,连续去拿,愣把人家组织处的警惕性给调动起来了。处长指派两位组织干事,到咱连里来摸摸情况,说是注意"突击发展",以防"滥送党票"。咱连最后的热闹事儿便悄悄袭来——

那天下午,老王因上军部机关开会,老陶在连里主持支部大会,按党章的程序，新党员一个一个过堂。刚开始没一会儿，组织处的两个干事大大方方地走进来，与老陶轻轻打个招呼，示意来听听的，就坐在一边了。在场的老党员们，并不察觉有何蹊跷，熟人熟脸的，平日里来咱连队蹲点指导的机关干事够多了，已司空见惯。休息时，老陶带着他俩来找我，要拿连队花名册看看。开晚饭前，他俩回去了，把来的意图告老陶，是奉处长之命而来。提出要开几个小座谈会，指着花名册，直接点名召集人员。

开饭时，王指导员回来了。连部的餐桌，立即成了临时会议桌，连长、指导员两人一交换意见，"他们想干嘛？"话越讲越多，围拢来的人也越来越多。因为下午老王上机关去时，正好迎面碰上那两位，老王主动打招呼，大声问过："到我们连吗，什么事呀？"没讨着个回答。这会儿老王端着饭碗，气不打一处来，"咳，处长什么指示？连我这个支部书记都不肯告诉！"

晚饭之后，再接第二天上下午，连里继续支部大会，该过堂的按程序过完；临时的小座谈会，初拟穿插进行，可刚开个头，就把后面的全取消了，两干事迅速撤回机关不来了。

原来呀，组织处听说我们连这一批共发展 26 名新党员，他们惊呼"太多了"，全处的人都说，一个小小的连队，一次发展这么多新党员，参军这么多年，没见过呀；咱炮兵上下，也没先例。二话没的说，似乎可以凭组织经验认定通信连党支部有问题，甚至把一堆帽子拎手里，随时备用，什么"不顾质量，不讲标准""以连队解散，滥发展，送党票"，等等，都可供想象。

好险啦，好端端的入党一事儿，愣被那组织处横了一杠子，差点让咱连上下背个大黑锅。说来也怪，凭感觉，全连人迅速明白来者不善，指导员、连长泰然处之，不做大会动员讲话，也不搞小范围布置交代，单等那一连串的座谈会开完了见机行事。怎么开不下去呢？原来那两位存心想找负面的缺口，竟然一筹莫展。参加座谈会的，尽是正儿八经的腔，如何严格党员标准，如何学习无产阶级专政下继续革命的理论，个个高调门，字正腔圆，滴水不漏。私下里，谁都明白——找茬呀？傻瓜也不会把臭盆子接下扣自己头顶！

这种损招在咱连队是搞不出名堂的。一场官司最终在机关的直属党委会上见分晓。没多久，支部大会通过的 26 份党表送到了机关直属党委，王德风代表连队，是党委委员，组织处也有委员，党委会上针尖麦芒对上了——老王抓住两点反问组织处：第一，你们到连里去，事先不通知，见面不答话，是光明正大吗？第二，你们说了要开一串座谈会，半途撂下，说话办事有谱吗？——点穴式的出招，组织处无力招架。

结局嘛，有点滑稽，据说由直属党委的书记打圆场，既肯定通信连全年工作出色，干部优秀，老党员、新党员都是好样的，又肯定组织处的工作，出发点认真，具体环节可能粗糙了点儿……至于那 26 人，批准了一半人成为正式党员，留一半继续考察，下次党委会再讨论。真实执行下来，扒弄扒弄，要脱军装等着拿党票的，大多心满意足了；要转到下面师团的，就被"继续考察"了；可能也有擦边另类的吧。

回想起这桩热闹事儿，我又翻出连队党支部的年终总结，由我起草的底稿还珍藏着。1973 年那一年里，全连共发展新党员 11 名，还是滴滴拉拉分几次，所以，一次 26 人，应该是咱连的纪录，偏偏如此辉煌没写入最后的年终总结。最让人难忘的是，连长、指导员空前齐心协力，在我当文书的几年里很少见到；全连人不谋而合，一致唱高调，个个脸不红，坦然自若，不愧是吃的一锅饭。

对于那 26 人，我没有做跟踪了解，失去了社会学意义的样本研究——都是后话了。他们当中，我记得有叶宁、朱华伟。多少年后，我和他俩笑谈起当年的那桩热闹事儿。朱华伟下到师里，又重新走程序，还是入党了，党龄少去一截，无所谓。叶宁呢，因为老老实实在党表里写了母亲出身地主家庭，被他正师级军人的老爸狠狠责问：谁叫你说的？你妈是革命军人，是党员干部呀！叶宁还透露，他后来调到海军的舰艇上，每年发展党员有限额，争得打破头，送礼塞票子吓死人……说到这一层，都是后话的后话啰。

截至 1976 年 3 月退伍，我服兵役五年出头，超过三年半是连部的文书，后两年开始记日记，但并不是工作日志，因当时的连队管理没有这项要求。按说属于私人日记，可又不是逐日记，中途一停，隔个几天再记是常有的事，仅仅是想到什么就记两笔。没记全的日记，保留的也不全。老来闲心驱使，找来翻翻，勾起往事，便找话说说吧。

在 1975 年 11 月 3 日（周一）的两页上，啰啰嗦嗦记了连里司务长刘振国"犯事"。前面的那个周六，例行的党团组织生活，开了个大会，指导员王德风把刘振国的"两大事件"向全连公开了，套上时髦话，够得上活教材了。刘振国有两件啥事呢？——"买拖拉机与连队工作失职"。那一年，正逢全国大张旗鼓地学习无产阶级专政下继续革命理论，在刘振国身上，很快查出"性质是非法购买，手段也不正当"；还有，"态度亦劣"与"经济上大节清楚"相连，没有分开来多谈。大小就那么一摊事儿，被上纲上线了："商品生产，货币交换，城市差别、工农差别这些旧社会的痕迹在发生作用；此事是社会主义与资本主义、无产阶级与资产阶级的矛盾在我们身边的反映，刘振国在这件事情上的所作所为完全是丧失无产阶级立场，走资本主义道路。"日记中的这些话，跟着指导员的调门跑，不用问，总调调是上级、上上级定下的。

"买拖拉机"是怎么回事儿呢？就因为刘振国的河北家乡地处大平原，当地缺少拖拉机，国家调拨来的太少，当地政府靠计划途径根本弄不到几台。而我们部队所在的福建，山区多，国家分派下来的大拖拉机使不上劲，大多闲置，甚至往废品收购站里送。刘振国便替家乡的政府帮忙，从废品站到修理厂，找到乐意转卖的，就买下来，通知家乡来人开回去。他也真有本事，办过两批，第一次五台，顺利到达河北老家。第二次，组织到九台，多半是带挂车能跑运输的那种，偏偏不巧，开出福建省界时被查着了，连车带人，全被扣下，地方责成军方查办。这一查，一公布，拔起萝卜带出泥，又多了一桩"连队工作失职"。

当时正在贯彻中央军委会议的指令，我们连面临解散，只留下少数人与机关的班排组建新的分队，全连上下个个都急着落实走或留，也有转到下面师团的，于公务是天天忙上忙下，于私事是早晚忙东忙西，让再来组织起讨论刘振国的事，人凑不齐，时间也难定，很难老老实实坐下来。我的日记是这样记的："从讨论处理意见的争论中可以看出：某些领导急于处理，想搞先交党员讨论式的走过场是不行的，材料不足的情况下是不够条件定性处理。"还有记述，"有些人原来与刘有来往，在事情揭发的初期态度不正确，到了此时斗争也是不力的。"

隐约可见，小小连队，主管干部间也存在面和心不和。公布"事件"两天了，推不开讨论。至于下一步的处理，我并不关心，干巴巴地记下几句："掌握政策是件大事，重证据，轻口供，思想批评从严，处分从宽，是领导与同志们都知道的，并反复重申的。"

当时我与刘振国并无私人的友情，关系限于他干他的司务长，我干我的文书，他在一楼，我在二楼，工作上、学习上、生活上，分开又分明。越往后，我越忙，忙着连队解散扫尾的杂事，数月后我告别军营了，没兴趣过问他的下文。再后来才听说，老刘背了个不大不小的处分，转业回家乡工作了。

事关连队的生活，只能到此，该停笔了。

　　然而，人人又都会关心下文。
　　下文便是和老刘恢复了联系。1997年7月，他主动联系我，打听鸵鸟的人工养殖，通了两次电话，我邀他来江苏考察。直到2009年12月在福州，战友大聚会时我们才重新见面。那次大聚会的理由是为老指导员"补庆"七十寿辰，老刘特意赶来了。当着30多位战友的面，他笑谈起买拖拉机的事。部队虽然给了个处分，但一到地方就被视为改革开放型人才，被委以重任，开拓经济，搞发展促繁荣。看准了中央的政策观念大转变，他向原部队机关投诉，没有疑问，处分又撤销了。

　　老刘很感激老指导员王德风，唯独老王敢讲话，真心地"批评从严、处分从宽"。老刘对自己更清楚，一台拖拉机大几千块钱，办了十几台，没挪连里的款，没沾家乡的钱，谁来查，他都是那副劲头，前后办事的"人情费"，烟酒茶，说来说去就几块几毛还带几分，他都清爽记得，随口到来，如数家珍。自然而然，落得个"态度恶劣"的结论，外加一条"连队工作失职"，却拿不出事实。老刘开朗，重感情，退休之前在邢台，任纪委书记，区一级的，干得挺欢，自觉对得起连队的老战友、老首长。

　　指导员老王也把那一次的调查处理当笑话、当故事来讲。他告诉我，机关直属党委开会，专门讨论刘振国的事，由副参谋长主持，负责调查的某干事详详细细地念了"调查报告"，振振有词要严肃党纪军纪。接着，副参谋长请大家发言。指导员得到允许后发言："各位都听到了，报告里说我疏于管理，经常和司务长在一起抽烟喝酒，拉拉扯扯。请问各位在座的，哪一位在什么时间、什么场合看见我王德风抽过一支烟？只要你们指出来，我立即承认这个调查千真万确。"往下的场面可以想见，几个政工干事，费牛劲整出来的材料，被"只问一句"问到一边去了。激动之余，老王止不住他的口头禅——开玩笑嘛！——一副轻蔑的口吻，在党委会后甩了出去，存心给人瞧瞧。他从来看不起抓小辫子、耍小动作的一套，根本不放眼里。

隔了四十多年，我翻出日记，仿佛又见两个老战友，往事历历在目。在那个僵滞的年代，国家的计划经济不灵活，人们的思想观念死板，办案人员方法生硬，都依稀可见。本是旁观者的我，也好不了多少，头脑里净装着些泡沫，日记的最后一段清清楚楚地写道：

为什么刘从几年前就干了不少横七竖八的事，许多干部、战士都有察觉，而我却茫然不知呢？为什么刚开始审查刘时，听到一些他自己辩护和别人替他辩护的话，还有所相信呢？为什么星期六听了指导员念的材料与刘的检讨以后，我没有发觉那么大的问题呢？

一连三个问号之后，又告诫自己："辩证法学了还不会用啊！"辩证法会管用吗？不知什么时候，自我感叹起来：年轻时学的那套辩证法，越发不会用了，真比翻翻老日记本还生疏呢……

〖走进军人营房，通常烟雾缭绕，男军人变成老烟枪，比练就一身好武功轻松简易。我身边的几位连首长，不单指导员，连长、副连长也从来不在这方面"培养"连部的小战士。退伍以后，有些同事、朋友们看我不抽烟，质疑我没有插过队，没有当过兵。当我讲起指导员，仅凭他不抽烟，就让人刮目相看。那个年龄段里，稍不注意就会松懈自我约束，往往不太注意某些不良的生活习性，能不沾不染，全得益于最直接的言传身教。受其影响，大半辈子下来，才越来越清楚。——2023年补记〗

持续补课，似离非离本本

　　活生生的大活人，两天前跟你有说有笑的，刚过两夜，人就没了，不明不白地去了天国，一没打仗，二没灾祸，突然降临这等闹心的事，今天想想都顺不过气来。如果算是必然遇上的人生插曲，依然难以接受，人心都是肉长的呀。

　　当兵要过体检关，司令部的徐秘书领着我和我哥，交给军部卫生所刘所长，前后十来分钟，"陆勤合格"伴着一颗红巴巴便敲定了。体检表上所有项目，身高体重、视力血压什么的，都由咱自报，刘所长填写，听他那一口北方话，感觉和蔼可亲。体检结束，我们兄弟去姑妈家里，听说顺顺利利，艾姑乐呵呵地讲起刘所长，自然是满口赞语。随后个把月里，几次见到刘所长的身影，没再打招呼。不多久，传来他自杀身亡的消息，我正在下面师里集训。因艾姑的女儿即我的表姐在师部卫生科，听她谈起刘所长，得到过不少荣誉，出事竟因身边的一女兵。婚外情吧。军营里这类事，第一次从情绪上影响了我。心里怪难受的，又没个可交流谈论的对象，训练中一走神就想到这茬儿。

　　算是内心脆弱吗？我自己都无法解释。只因为"文革"以来，经历过父亲自杀未遂，姑妈自杀身亡，还有本校的两名任课老师自杀，插队时村上农妇喝农药被抢救过来，一幕一幕，让人心头紧紧的，松不开。（关于"自杀"，50岁以后写过一篇长文，内心舒缓过，这里就不谈了。）

刘所长的事情本该很快结束，竟然拖了相当长时间。当我们回到福州军部后，远远见到刘所长年轻的夫人，入住在我曾住过的招待所那间屋里，带着一个小男孩，每天在军营里转悠。这时听人细说开一二：因为对刘所长的处分只开除了党籍，没开除军籍，她闻讯从东北赶来，横下心处理后事，只要求按照军人遗属享受应有的待遇，同时要求见见那位兵妹子。那哪能呢！

这道难题最终怎么解决的，一点不知道。尽管毫不属于连队管理教育里的题目，头脑里却抹不去他们夫妇的身影——一个干练精明、一个神情憔悴——总是隐隐在心头，能回想时，独自付以摇头叹息，也不敢多生枝蔓。

想来又补几句不该说的话。国家进入改革开放以后，我们家一位当干部的亲戚先已去世，他夫人见到了这一天。我们两家走动频繁，会谈论时政，传来老亲戚的一句戏言，"改革开放，先把妓院恢复起来。"不知该怎么琢磨这话——她尚不知有"性工作者"一说，这类从业者个个坦然生活于文明世界；她也不会知道多少军旅作家在写军中的"花花事"；她更不会知道，大肆向中国领导人介绍现代化经验、赢得中国视为楷模的新加坡当局，对于"红灯区"有着妥善的管理，认定妓女的保留，对社会稳定可起辅助作用。

我可记得，多少次听咱指导员明着说，连里"多出人来"可不是闹着玩的。暗地里，他不知道我们连真就冒出"多出人"的滑稽事。连队整编解散以后，附近农家一少妇，抱着孩子闯我们营区，要找孩子他爹，说是姓潘，河北籍的兵。指导员当然管不着了，他已到下面团里任新职。机关那边把那少妇堵得远远的——"此人已退伍回家乡，不再归我们管，请到他家乡去寻找。"我保留的本连名单上有姓潘战士的全名。

同样，我们连历史上，当年入伍、当年入党的"先进"优秀，只留下两个名字，1970 年兵潘兄算一个，另一个就是我前任的文书，

1968年兵。由不得俺事后瞎猜，潘兄的入党介绍人，一旦听得留下"种子"的事，不知会作何感想哦。

另有一桩人命案，记得在1974年入夏不久，军部H副政委的女儿H××大白天在闹市区临街的一间小屋里被害，遭人凶狠地勒至断气身亡。H家没有男孩，首长夫人姓易，易阿姨有个侄子小易，北京人，下面师里的兵，来我们连参加集训。我和小易同上H家玩，想借书，××挺热情的。恰逢周日下午，我们几个一同去营房外田埂上溜达，指点如何识别黄鳝洞穴。没两天，就听说H家闺女出事了，大为震惊，惊得人无法入眠。从此不再去那田埂，多看一眼都觉着不舒服。

当时动静极大，案发现场没有留下搏斗痕迹，没有触动钱财，没有伤害女性肌体，四家（军方的保卫部、保卫处、省及市的公安局）联合专案组拿不到侦办线索，认定作案手法极端高明，视网膜留存都没落下，只好搞地毯式排查，登记认识死者的每一个人，凡与死者生前有过接触的人，必须说清事发当天的行踪。这项细活，布置到连队，要求尽快落实。指导员在全连会上哇啦哇啦了一通，填表汇报的事就交我去办。开饭时，群言议论，指导员意犹未尽，信口开河地哇啦了一句，"肯定是情杀，乱谈恋爱惹的祸"。话音飘到小易那里，顿时引来严肃的抗议，严正要求指导员不得乱说，不得损害死者声誉。小易端着饭碗，站在连部成员的饭桌边，寸步不让，连声责问，怎么这样说话！指导员理屈，不再辩解，嘴里喃喃有词，不得不收住了。

这桩案子，至少隔了两三年才破获，我已退伍回南京了。据说是凶犯酒后失言，自吐半句，被告人发，警方捉拿一审，全盘招供。事由极简单：H××刚分配进工厂，她母亲是福州某医院的领导，在市区有一间简易宿舍，离工厂不远，平时就在母亲那里休息、看书；

她母亲因动员医院的职工子弟上山下乡，惹得一年轻人心生恶念，反正没好日子过了，"拼你一条老命不如拼你家人的小命"，竟在熟门熟路下快速行凶，从背后下手勒住咽喉，快速逃离，不留半点痕迹。出于这样的动机杀人，竟让侦破工作长期陷入迷惘。苍天有眼，总算还了女孩子家的清清白白。

说起这类人间悲剧，显然与就业政策、城乡差别的大背景有关，社会大病不根治，私家悲剧很难免。如何杜绝，不知何方会汲取什么教训。想来悲痛所及，牵连多大一圈人呀，甚至埋下了永远无法消弭的伤痕。

告别军营与踏入时不一样，带去带回的本本之类的，暴增了好些。来时，听说去当兵，赶紧奔赴，匆匆忙忙中，半个巴掌大的小本，加一支钢笔，插进衣袋，不敢多一件。入伍必配的袖珍型精装《毛选》与《语录》，成为挎包里仅有的读物。足足半年后，才敢小心翼翼地添置书呀本的。第一个28K的硬壳笔记本，百把个页面，新兵头一年的"存储器"，承载着各种抄抄写写，退伍再带回，留到了今天。

暴增了哪些书籍，记不太清楚。笔记本的那一摞，可以说每一本都有来历。同年的战友刘思功，退伍早，回北京刚安顿好便寄来32K的大厚笔记本，一看就属于市面上的珍品，刚时兴的塑皮软面，手感忒温馨，扉页上有刘兄的题字，让人不忍心随意下笔，太精美了，至今原样保存着。

同样留着不舍得用的，还有二姐送的笔记本。她去内蒙古草原插队，鼓励我"迈步从头越"，特意选了一本寄来，大红封面上用蒙文、汉文印着"北京"，伴随我五年，又新新地带回。

临退伍时，司令部机关送的"纪念品"，塑皮的一笔记本，质量远次于那两档北京货，但也是广州产品，翻开扉页，上面印着大红一副儒将风度，在军部机关的军事首长中，无人堪比。和平的母亲曾是南京炮工学院俄语系的主任，早先在朝鲜战场，深入炮火交织的前方，算是唯一坚守战地的女性作战参谋。一家人待人接物，听不到高嗓门，总是慢条斯理，家风温馨和蔼。可和平儿时就大胆淘气，不愿接受"乖孩子"的管教，早早养成天不怕地不怕的豪爽性子，13岁自己找上门去当了兵，第二年，连长带头全连一条声地称他"老卢"。他在南京上过一段小学，我们聊起来更加热乎。

卢家人个个见多识广，善交流，言谈中能拓展思考的余地。接近和平，他毫无干部子弟身上常见的毛病。渐渐地，我俩无话不谈。1975年，国内盛传的广州李一哲的大字报，《论社会主义的民主与法治》，就是他传我看的；邓小平恢复工作，主持各项整顿，与江青的明扛硬斗，内部的各种传闻，讥议"娘娘"，他都透给我。读报纸，读《参考消息》和"大参考"，慢慢学会"正面文章反面读"，就是和他在一起才渐入佳境的。

卢副参谋长曾是贺敏学的警卫参谋，得力助手。贺家那时就在福州的西湖（红湖）附近，我去过几次，是跟随陈庆一同去的。贺夫人李立英阿姨，陈庆叫"姨妈"（其实并非亲戚，就是特殊情义，相互信赖）。李阿姨曾问到我的父母亲，问原先是哪支部队的，我答不上来，再没有多谈。退伍回家，跟我母亲一说，她立马说起与李阿姨在新四军抗大女生队的战友关系，曾经钻同一被窝筒，冬夜"抱团"取暖。2000年春节前，母亲去福州，通过我们连老指导员，打听到李立英住处，一进门就紧紧拥抱。而我，退伍前跟贺伯伯有过一次单独闲聊。一番难忘的肺腑之言，若需总结心得，"正面文章反面读"本应成为红色教育的当然补充。类似的难忘，我曾在主管过全国粮食工作的姜部长（父母的老战友）家里做客，听得华国锋时代全国粮情的一场风波，写出来，涉及计划经济与市场经济，两种体系的利弊，拿事实说话，不用更多争论。

有一个人，有一桩事

当了五年兵，回忆文章无论写成啥样，有一个人、有一桩事不能不写。前面的文字可能已经零散提到，聚焦式思考，单开章节来两笔，有利于整理记忆存盘。

有一个人，即陈庆，前面略有介绍，他并不在我们连，我俩的关系若借我哥哥、他哥哥的话来概括，或许更到位。我哥哥很早就说过我，能交上陈庆这样的朋友，素质不寻常，很让人羡慕。陈庆哥哥为了回答一位亲友的询问，也是称赞他弟弟和我的友情。先是那位亲友在网络上偶尔见到一篇写陈庆的文章，读后感觉相知不一般，便找陈庆的哥哥询问，得到满意的回答，才打消了是否有人在"吹牛"的担心。

回想当兵第一年，各地来的新兵，接触并不多。慢慢地，同年兵中有四个走得近些，算是干部子弟，但都不在军营里长大，且都是老三届的初中生，北京的刘思功、上海的陈庆、南京的周邗江，加上我，颇能聊得来。但当时"文革"正在半道上，大都市里能感受的风云变幻，曾经的见闻，新传的消息，只能聊到有限的份上。四人中，思功打乒乓、邗江玩篮球足球，都出色，我也不安分，人打球我吹哨，唯独陈庆不露半点特长，除了站岗就干干粗活。思功退伍早，满两年役期便回京，邗江有一阵参加军区集训，又奔昆明打比赛，剩下我跟陈庆，不说是天天见面，抱起电话来也会咕噜好一阵。

我们四人，又都不跟女兵接触，不参加文艺演出什么的，不爱谈论女孩子的事，挺难得。后来才知道，军营里抱成团的哥儿们，会相互诉说恋爱苦乐，神头鬼脑帮着出些鬼点子。可我们四人，有点"四君子"味儿，从无那档子事儿。相比我们连一南昌兵，军营里长大，家里给牵线女友，就在离咱营房不远的野战医院，直弄得大男兵心痒痒，谈吧，有违军规，影响入党提干，放一放吧，可青春正当，几张美人照，忍不住要偷偷地拿出来端详。这哥儿们曾把照片递给我看，意思嘛只向连里弟兄通报一声，适时打个掩护。咱几个弟兄，真够义气，一直护着这一对，悄悄帮传递情书。

可一直拖延到脱去军装，我们那四人的婚恋，全是"各自为战"，相互间止如静水。思功年长两岁，旅行结婚南下，咱"四君子"齐聚上海。这边刚向北京的新人表示祝福，那边陈庆突然宣布已领了结婚证，嫂夫人也来一同欢聚了。记得他新理了发，就是新娘的姐姐初学手艺三下五下"啃"的，新郎欣然接受。那一次，思功两口子去爬黄山，景区没建缆车索道，就带上邗江帮着背包包，专事荷重减负。多少年了，思功每每会提起邗江为他们营造的登山轻便。而我印象中，竟长期误以为陈庆是玩先领证后恋爱，还妄加评说：在那个年代，大城市里，有文化有教养的人家，再也难找上一对。等此篇杂忆写完，对这一段并不把牢，送陈庆夫人高晓闽一看，方知大谬不然。我的印象完全是错加错。

他俩呀，领证前可是有过三年实打实的恋爱。仅仅是陈庆给我的频繁来信中，没有直言过恋爱对象，不谈恋情的进展，偏偏我总在想当然地一厢情愿：他会给我来信的，会直言对女伴的选择，会如何如何的。前前后后那多来信还保存着呢，今天重读，依旧能感受陈庆的通透，于理于人皆独自认定，在他不盲目不从众，在我却有点闭目塞听了。连晓闽最为感激的一句——当陈庆母亲不同意找外地对象时，陈庆就一句话"你同不同意都是她了"——超简捷的表白，直到修改上面这段文字，我才听说。晓闽才敢称他俩的"缘分确实是天生注定的"，年逾七十还戏说，也许就是陈庆的那句话"把我给骗了一辈子"。咱迟钝几十年，如今也只配对着晓闽轻声感叹："对于你，一生只被骗一次，值得呀！对于他，一生只去骗一次，够成功了！一对一的骗，一骗到底，何其坦诚哟……"

我跟陈庆，相识五十来年，除去他得病不能交流的最近几年，留下的信最多，如同在炮司，我俩交谈最多。我跟陈庆，对比我跟王德凤指导员，两个极端，两重境界。指导员嘛，这辈子所遇见最能开玩笑的人；陈庆呢，至今想不起来，他在什么时候，什么情况下跟我开过一次玩笑，小幽默俏皮话，竟也想不起一句来。天长日久，两种风格下的音容笑貌，仍在脑海里翻滚。每每想起军营生活，一长串耐品耐嚼的故事会飘然而至。这头，几乎天天守着指导员，三餐同桌，冷不防就笑痛肚皮；那边，经年累月伴着陈庆，无非是共同感兴趣的话题。往往与大环境成反差，越热的越不去沾；冷一点的，我俩会擦出思辨火花。虽不敢夸智慧终身，总算在狭窄中有一点扩展，不那么死板呆滞。

军部修建大礼堂时，我们都去打过小工，挑砖、挑砂浆走在脚手架上，摇摇晃晃的。陈庆就想到，不妨采用人工传递的方法，会相对轻松，减少腰肌负荷，向带队的建议了，不被采纳。后来看科教片，用抽真空原理装卸搬运散货，陈庆立即想到建筑工地运砖。当上海率先出现改用电烤箱做中式烧饼，又引来陈庆的一串问号，《齐民要术》有记载的，传统的烧饼炉如何改造，如何控温控时控口味，他拉着我，做假想式的讨论。陈庆讲过一个简单故事，非洲人用扫帚，短柄跪着操作，世世代代不变，有位欧洲妇女去了，教非洲人改长柄，站着操作，促进劳务改善，后来非洲人给这位欧洲女性立了塑像。这类片段，虽不能用后设的尺度附加于走出军营前的陈庆，似乎毫不掩饰地说明：他真是天生的科学教化培育出的品种！且把后话先当笑话抛出——他若不去科教片厂，怕是老天造物定位出了岔。

如今，留下的笔记、通信，只能反映我俩退伍后的交流，在营房里的那段，唯有回忆了。我头脑里留下的"人均住房面积"、大城市"建房年增长数"之类概念，先是从陈庆嘴里听来的。计划经济年代为什么全国统一1.6丈布票，他不单有纱厂、纱锭的概念，上海有多少家纺织企业，总产能多少，他都关注过，徐禾主编的内部试用的"政治经济学·社会主义部分"中从理论上探讨1.6丈的实践意义，他也注意到，指给我看，要听听我的理解。还有，全国车辆的牌照，为什么在省市代码后限定五位数，跟最高领导的某次谈话的关系，他顺着话音思考，还尽量找外国的可比数据。城市发展、交通发展，诸如此类，时不时会找上我咕噜咕噜一通。纵有他的启发指点，原本"枯燥"抽象的话题，除了我，还有谁听得进去、又会往心里去呢？

写到这里，我怕脊背被戳，当下处处敏感的对"二代"的酷评，足以啐人置死地——开溜了上山下乡，躲到军营里，有条件学这个读那个，当真接班掌权？赵括之辈，有啥可显摆的！——无法凭自诩作辩解。所幸，咱哥儿几个没官场福分，虽沾了干部子弟名，不曾扛爹娘旗号乱钻胡混；能淡淡想到的，莫过于遇事搞搞清楚，生怕迷信盲从白吃亏。可能带有上辈的基因，知做人做事守点认真，偷奸耍滑没去钻营。

因陈庆，我认识了贺敏学老人，跟老人有过一次随意交谈，悟得些真趣。1975年底，我读报中看出，在粮食征购的报道口径上，福建本省发布与全国发布的不一致，按中央的报道，福建不在完成指标之列，按福建的报道是超额完成，我就此请教贺老，他当过分管计划工作的副省长。贺老说，数字从来都是人统计的，上头动真的要核实数字，能有什么办法呢？查账本，人家早轧平；翻库秤，不可能；唯一的办法调粮，按你账本上的调出，能调出多少认多少。说到这层，贺老挑明，一个省的运粮车队、船队有大能耐，路上跑的、水上走的，明摆着嘛，谁的心里都清楚，挨到明年报统计数，多报些灾情损失，冲掉上年虚报的增产数，顺顺当当。年年增产，年年有灾，历代如此啊。哦，明白明白。

再后来，我碰到老华东局财办主任的秘书，闲聊到1.6丈布票的事，分明在麻将桌上敲定的，几个头头脑脑正坐牌桌边，秘书持文件来请示，三言两语定下个数字，哪有什么经济学的理论指导，有的是敢拍脑瓜子定大局的高深莫测，还有为民服务不误牌局的行为艺术。

特殊内容的交流，我跟陈庆之间，心灵总是相通的。高层人家甚至顶层圈圈里的这事那事，一两桩，三五桩，当年听听，满以为烂在肚里算了。后来开放带动放开，世间当秘闻翻炒，既有似曾听闻的感觉，就不那么新鲜好奇了。那位"曼哈顿的中国女人"最早由陈庆谈笑间提起，等我见到名扬天下的作者周女士，一句"我五十年前就知道您"，让她惊于不敢相信，一旦解释开，又不得不承认。我在另一处写过，一堆一堆的"家事"，干部圈里算得寻常，纵有不寻常的流言蜚语，只落在某些倒霉蛋头上。让人欣赏，还是党史老人郑超麟说过的，私人恩怨别妨害团体政治。这道理，当兵时没听过。中年了，读到郑超麟的回忆，拍拍肚里的存货，猴年马月的真材实料，没烂的，烂不掉的，且压且存吧。

前面也提到，1973年的12月，咱福州炮兵组织过 次新闻报道类的培训。那次，机关政治部很认真，各师团抽调有点文化的战士，学做基层通讯员，集中在炮72师师部学几天。炮司机关去了三个兵，我、本连女兵张聚宁、警卫排一位姓曾的战士。培训班讲的一套新闻学的东西，跟自己正在形成的观念不合拍，我就向主持培训的军部宣传处头头请假，中途提前回连队了。

从师部出来，上大公路，有车可乘，我选择午后独自步行。因为两头有电话交接，超出预定时间没见归队人影，以为出了情况，晚餐后才见我平安回到连队。没人知道私心所在——近百里，测试一下单人无负重行军的速度——给了个自我满分。这事嘛，从组织纪律性讲，引发军部上下议论纷纷，我却没太当回事。直到2019年4月，在南昌的一次战友聚会上，两三位老战友重新提起，言辞中称那桩事，构成了对我的基本印象，多年不忘，其中就有原警卫排的那位曾某，他还说住师部招待所时，我俩同吃同住，老战友得干一杯。

不带自贬，我这人生来缺乏新闻敏感，骨子里就不是学新闻搞宣传的料，虽然三十出头以后到新闻单位混了二十多年，压根儿没出一件新闻作品，在第一线干活，无非领导出题定调，咱去拿镜头剪片子，凑成一集一集的，美其名曰"专题片"。后来，不扛机子了，内部报刊当个副刊编辑，竟自豪地宣称"党的喉舌的喉舌"。

当兵时的那次半吊子新闻学集训，正能量的养分没攒下，脑子里净是些听讲时打岔岔、事后想想鼓不起劲头的名堂：什么得学会提炼闪光的语言，举例杨水才的"小车不倒只管推，一直推到共产主义"，原话是"小车不倒就要只管推，一直要推到共产主义"，一经提炼，字面上少三个字，意境上更完美；什么要懂得典型引导带动全局的重要，人家海军大搞基建，出事故出了个胡业桃，大幅报道，头一次上了军报的整版，还嫌不够力，又组织第二次深挖，加大采访力度，再上军报的头版；还有，什么各个师团、上《解放军报》、上军区《前线报》的篇幅，要完成指标，按年度展开各师团间评比……

连日灌输的，主要是这些。我听不进去，耍起性子，单溜。事后给家里写信，说了一二。前几年听一位亲戚讲，他当时正好在我们家，他清楚记得我父母亲的看法不一，母亲从组织纪律性持批评意见，父亲没把事情看得多严重，依然谈些抓紧自学的道理。

　　无论事前事后，能敞开来说内心话的，只有陈庆。既可针对看不惯的诸弊，又不逞个人出风头，分寸感任由我俩相诉相慰。恰好那年年底到来年头两个月，大环境也是风向不定，八大军区的司令对调，批林又掀起批孔的风，夹着钟志明的"反潮流"退学退伍，当官的够忙乎，咱小兵添点小乱子，自己不图蹦跶，没几天就平息了。就我和陈庆的眼光，对于投稿、报刊上发表，全没当回事。在他，有姑父巴金的阴影，而我，有父亲和姑妈的阴影，多少知道耍笔杆子的苦涩。我俩不会讨论那些压根看不上眼的事。四五年之后，陈庆在《解放日报》上看见有张聚宁的散文，来信说了句"她倒是挺能的"，依然没有啥羡慕之意。

　　真心学点真实本领，贯穿在陈庆与咱几个哥们儿的耕耘岁月里，往后的几分收获，此处不多谈了。

　　再有一层怪怪的真事真说，如风如影，长期飘散在军营里。从厦门海军军营里来的新兵，讲起麦贤德，就一愣头青，整天在篮球架下转，找人比投篮，输了惩罚，趴地上用头拱球，傻乎乎地乐此不疲，再大的首长也不依不饶。啥事不能干的老兵，白养着，还不能让他脱军装。从炮三师来的老兵，讲起中央报纸曾经大张旗鼓宣传的"活着的焦裕禄——俞纯"，连他儿子都不认报道里的事迹，不就是师部派人上北京，当着军报的大编辑耍嘴皮子，"汇报"说师党委认为，宣传俞纯的事迹，要做到瞎子能看见、聋子能听见，如此云云。

　　我在去参加集训前就反复听到这类说法，不用核实，早成了一种"防风罩"，绝无再跟进再掺和的念头。满脑子古怪杂念，三十岁后进入电视台，依然没改。退休以后，又看到当年报道雷锋事迹的新华社大记者的回忆，道尽前前后后的曲折，更觉得，欲看清把戏是怎么耍的，须跳出顶层操控之外去观察。这位领衔完成雷锋长篇报道的甄记者（见《人民日报》上首次登载雷锋的长篇），我叫他甄叔叔，早年参加新四军时是个初中生，跟在我父亲身边，一同办根据地的小报，老来真情总结一生之路，与我们这类人很合拍，甚至可以说早就埋下了认同的契机。

锦线串乱珠

军营里年轻人精力充沛，操课之外的时间很丰富，公共阅览却不尽如人意。开头两年，连队没啥图书，几份报纸杂志，不够翻的。机关那边也强不到哪去，等礼堂完全竣工，才在两楼辟出图书阅览室，借书证分战士的、干部的，我只好请通信处的参谋帮借书。虽然靠着福州市，难得周日去市里逛新华书店，带回的书很可怜。战友们去书店，偶尔会遇见新书，但没有交换传阅的风气，谁有什么新书，仅限小范围知道。

别说文化程度普遍不高，读书成不了小环境，悄悄传阅手抄本也曾有过，只是连里头头们不知道。有哥儿们拿来，让我看几段，可惜我对小说没大兴趣，扫几眼，没感觉，不会耐下性子读下去。连里有人读得有味，做起笔记，花精力去抄精彩语句。除了抄书，也抄"成语小辞典"，曾是好些战士的自学方式，当时能自学的东西实在太少了。

这就带来一种景象——手抄散页，像是埋头练字。真的练起字来，在连里也很普遍。因连里用于训练的抄报纸特别多，多年堆积，被蛀虫嗜咬得残缺，就由战士们随意拿着用，唯独不许当信纸，不许当记录稿保留。有一年福建闹冬旱，缺电，营房里只保证值班用电。天黑以后，没集体活动，人人找个小角落写写画画的。那时，全连兴起练字的热潮。领衔的，可数江西新建的程振宣。他有一本邓散木的硬笔书法教材，薄薄的小册子，封面封底被撕去，内芯拆成散页，他一页一页地练。他的手迹，再流传开，就成别人的临摹帖。循程振宣路子练字的，不下几十人，在我保留的战友来信中，至少可以找出好几位，学得精髓，进而摸出自己的路子，把钢笔字写得流畅潇洒。1973年往后的新兵们都爱学程振宣的字，有过这等事：连队墙报园地上的学习稿、批判稿、赞颂稿等等，定期换新，凡是程振宣抄写的墙报，纸页挂不住，常常在夜里被哨兵揭去。指导员只好对大家说：能不能让它多挂几天，别撕得太快太狠，手下留情些嘛。

省会城市的福州，算不上文化都市，但在全国荒漠化的年代里，毕竟还有高等级的文艺团体来"慰问演出"，慰问"前线"的陆海空三军指战员，我们炮兵机关不缺席。看演出的名额分下来，连部没有值班任务，几乎回回不落下。上海京剧团来演《龙江颂》，第一天A角阵容全上，就是拍电影出镜的全班人马，能看到电影原配人物，回到连队里议论沸腾。隔日，在福州著名的温泉浴室，又和上海来的演员们相遇，目睹他们相互打闹起哄，连队人奇了怪：样板剧团的人，咋这么随便，这么"粗俗"，没"革命"模样嘛，"演革命戏先做革命人"的宣传，被"赤裸裸"冲淡了。

如同"三个女人一群鸭"一样，凡男子汉成堆的地方，必有彩色故事。我们报训班的黄主任，挺文雅的，他说过一个段子，富有军营味——

> 实弹打靶，指挥员的基本口令是："目标，正前方100米，半身胸环靶，标尺三，标准点，下沿中央，卧姿装子弹，预备——放！"佚连长婚礼时，一连人齐声嚷嚷："目标正前方，标准点，下沿中央，卧姿装子弹，预备——放！"

当然啰，并不是发生在我们连，谁也没这般取乐咱连的头头，因为没见他们在连里办婚礼。而从指导员嘴里出来的"彩色"故事，真就出自我们连。1959 年的浙江缙云兵中，有位叫"Yin 道生"的（不好意思写出汉字，以拼音代），指导员神评："谁不知道你是从那个里面爬出来的，皇帝老儿也是从那里出来的嘛。"因为与他同乡同年兵，所以他终身不忘。此大兵在"文革"前就退伍，我在连队老的花名册上见过，也就始终不忘。2019 年 10 月，连队人在南昌大聚会，一帮连队老人们，还讲起这"天下一绝"，笑料不绝。记得我进入电视界，走五湖四海，凡遇上人们谈论人名，我若开口，若说起"Yin 道生"，必逗鹤立鸡群，如同"王炸"出牌，盖过众说纷纭。得到一句精彩评论：简单的名字，包含了伟大的真理。

活跃的连队，快乐的往事，如果找一根锦线去跟踪散乱的彩珠，"摄影"是最能串起天南海北的长线。今天，连里人可以抬出段岳衡，他已是享誉国际的摄影家，数码影像时代全球华人摄影艺术家中的佼佼者。

追述连队期间，全连上下几乎没人摸过相机，不知胶卷、相纸为何物。能沾上一点点"摄影"边的，只有大城市的干部子弟。有北京来的刘思功，上海来的陈庆（他是警卫排的，靠我们连很近），他俩怀揣相机来当兵，悄悄地用过几次，从未放手放脚地拍过，更谈不上摄影艺术创作了。当时，想借架相机到军营拍张留影照，也要先请示，还得遵守保密守则，不得取炮吖车的当背景，不得借用长短枪支、通信器材当道具，一旦涉及军用装备，轻则挨训，重则受处分。

……

当年炮司宣传处负责摄影的是朱瑞棠干事，替我们连不少人拍过照，包括指导员、段岳衡。我手头就有几张出自朱干事的照片。他为指导员摆拍的那张"夜读经典"照,被我从指导员手中讨来,成为我脱军装时的纪念品。

宣传处的暗房,设在机关办公楼里,我和叶宁也好好地享用过一次。那是1976年的春天,连队即将解散,全连人拍了合影,全机关退伍的老兵拍了合影,都是大座机的六吋底片,无法放大,为了保证参加者每人一张,只有用印相纸印。厦门感光厂出相纸,叶宁一个电话,他爸就设法送来整盒的。我和叶宁钻进宣传处的暗房,忙到下半夜,完成了指导员交给的任务。我们俩一个操作晒箱,一个管显、影定影和漂洗,时不时换手。这次长时间的暗房实习,开启了我个人新的爱好。如今,很多战友保存的全连大合影,就是我和叶宁一同加印的。

除去宣传处,作训部门的暗房也钻进去多次,两个部门不同的摄影教材,任我们随意看,都是很合适的入门手册。摄影这玩意儿,玩起来不难,门槛并不高。即使传统的银盐时代,发生兴趣也容易,若持续涉足前期、后期却不容易,长年投入的后期还得拥有雄厚的相纸实力。厦门感光材料厂的"边角料"功不可没。当年,国内同类厂为数不多,厦门产品受专业青睐,边角料被业余爱好者瞄上,按公斤秤,一大包才几块钱。连里叶宁、刘卫平两厦门兵,凭老爹的关系,一年至少背上几大包,辗转相送,成为一批退伍战友"练练手中枪"的"弹药库",源源不断。

玩摄影,在城市兵老战友间悄然成风。在我印象中,各人进展不一,前期玩相机,后期玩冲印放大,天南地北写信、见面聊,常离不开摄影的技术和艺术。远在湖南的段岳衡,迷上摄影稍迟些,年近三十才上手,几个箭步就蹿到最前头,直逼摄影艺术的巅峰。人人佩服段哥自有独特的感悟天赋。咱知道他有过多种艺术的操练积累,飞快地掌握彩色影像门道,迅速进入专业队伍,从一省之杰到全国之杰，再到全球之杰（个人影集2011年获第六十二届班尼金奖，系国际顶级的印刷大奖），他没有忘记起步阶段相互切磋的老战友，特别是经历科班担当电影厂头牌摄影师的陈庆，没有忘记老牌的发烧友刘思功，以及刘卫平、叶宁，口口声声"玩得好"嘛，还有新入圈的胡成民，加进来一块儿笑谈摄影，不惧甘苦。

说到陈庆，如果仅用"爱好摄影"来形容，尚显乏力，他几乎是那个时代难得的痴迷摄影的怪才。捧起摄影类书籍，进入境界，恨不能读遍读烂。他1975年初脱军装，一退伍，又如鱼得水进入上海科教电影制片厂，一反军营里的不顺，专业上大步流星。刚分配进厂，很快就借出差重返军营。福州并不在交通要道，地处前线，国人上那旮旯差旅的极少，他到来时，逢我们连整编解散，我已决心退伍，我们的交谈一改旧话题，开始偏重摄影。什么构图啦，用光啦，他三言两语讲门道，一旦领悟了，面对"摄盲"倒买倒卖可以管几十年。

陈庆讲上海各电影厂的新鲜事，如《春苗》的修改；送一批摄制组用的电影剧本给我看，如《难忘的战斗》。我是先看了分镜头剧本，再看达式常主演的影片，故事情节没记多少，分镜头的概念无师自通，全剧预定拍600多个镜头剪辑而成，也记住了。根据文字预拟稿去想象活动的画面，这种感官训练是从陈庆那里传授来的。

更早之前，他还没退伍，《英雄儿女》恢复上映，巴金的名字虽然被剪掉，但我仍记得"文革"前的片头。陈庆就讲起背后的故事，他讲巴金去朝鲜、又去越南，准备经历战火，写过"遗嘱"。讲起《团圆》被改编，他还藏有电影开拍前的文学剧本，很旧的一本杂志，由两位作者合作改写。杂志我看过，可作者的名字没去记。

那时，看电影文学剧本、分镜头剧本、再看电影，反复琢磨，也不知道究竟为了什么，自己并不爱好文学，更不会抱住个电影文学，但总觉得能长知识，比轰轰烈烈的政治教育有收获。我俩最初谈摄影、谈电影，完全没有那种急于上阵的表现欲，就跟相识之初谈点经济学什么的一样，几乎没外露，别人不会弄清楚，我们也不想搞创作、投稿什么的。就是自身的一点乐趣。后来成为谋生的手段，并不是我们预谋已久，用一句老话概括人生随波逐流，叫"被动中求主动"，倒也差不离。

现在回想，我也说过，陈庆跟王德风，一个可以戏称"编外指导员"，专管摄影技术，一个当然的正式在编指导员，管吃喝拉撒。他俩的风格似乎异曲同工，两人骨子里的认真劲，做人有品，做事有责，不带半点马虎。再往深处观察，天生的理性细胞分布差异，才是同工异曲。指导员带兵，谁个不服气，可以跟人比肌肉，除了上大课，平时不会讲什么空道理；陈庆跟人谈摄影，一对一地面对着，会把景深的计算、放大镜头的涵盖力，测定色温的凯尔文系数的计算公式……都讲得一清二楚。放在一般人的眼光下，完全不同的人，从骨髓到细胞，流淌的血液都异色异样。咱连里人不是爱揶揄指导员"是吃摇头丸长大的"吗，照此类比，陈庆应属数理推导公式喂大的，只记得听他自己讲过，上中学以后，很喜欢数学竞赛活动。

我退伍的那一年，陈庆正准备去西藏，体检后没什么顾虑就去了。来过几封信，还寄来航拍珠峰的工作小结，像是一篇报告文学，颇有文采，出自带队的殷虹的手笔，在第一时间里写下，陈庆帮誊抄。隔了很久，陈庆自愧自叹起来，那种抓住当下感受，快速留下观感记述，是一种本领。殷虹还传授：完全不必在乎语法词句，初稿粗糙，可以回头打磨，最怕腹稿烂掉也拿不出个一二三。他们在冰川无人区搭帐篷，一连几天看不到一丝活物的迹象，满目冰冷的大自然，除了云彩会动、光影会移，画面是凝固僵持的。

当年拍的照片虽是黑白的，只用标准镜头拍（那时还不兴变焦镜头，不兴单反机配多种镜头），细腻耐看。有一幅河川雪峰照，他寄来大小相同的两张，其中一张很像是后期制作时添加了太阳，隔着云层在雪峰顶侧，似隐似显，我以为他玩起暗房艺术，供我观摩呢，迫不及待去信探讨了一番。他回答我，完全是显影前不小心，一滴定影液先滴上了，显影显不透，形成圆形的白斑——可能是陈庆唯一一次逗我玩，一不留神，开了个"专业级"的玩笑。

陆陆续续把 70 年代后期的一堆事翻出来叨叨，有点不合时宜。但，这就是军营的余音，绕梁不绝的余音。我跟陈庆——

> 从相互认识起，在军营里，退伍回到地方上，听他讲过外人难以知道的许多故事，由巴金一家，到贺敏学贺子珍兄妹，再到张春桥的妹妹妹婿……还有更多，都是书本上不一定会记载的。故事听多了，不由地会多想，怎会有这多的牵连劫难？读罢网文，静静而思：提倡某些文明，以消除千载不文明顽疾，恐怕还不够，还有许多方面许多事要做，基本人权，独立人格，回归人性，等等，人人真的做人了，才叫文明社会。（2022 年 7 月《八一前的小杂感》）

那阵子，恢复高考、恢复专业职称评聘，已成大势。对于初步适应新的专业的退伍兵，无疑总得面临若干考验。我们这批似曾吃过酸甜苦辣的人，有着另一种失落感，长期潜伏在身，并没有彻底丢开。高考几乎没我们的戏，评职称又不甘寂寞，或遭莫名的刺激，再略有长进，所幸没被新生一代甩掉，好歹熬到了退休。这方面的故事，以陈庆来叙述，饶富曲折。我曾构思单开一章，遇上他不幸病故，急就而成《同命的苦涩》，先在微信群里传开，又被《记忆》的编辑收入那份电子杂志，一表悼念心意。编排本书，就当附录放在正文之后。

各路"神仙"

离开连队快半个世纪了,有一句特傲气的话,常挂在嘴边:咱那连队,绝对是天下少有。接茬的会叽叽歪歪,什么呀,小小连队,小当兵的,嘚瑟个啥哟。他这话甩出口,多半就没打算正眼瞧你。怎么回复这号人呢,轻轻告诉他:无论是谁,无论操什么话,想咒咱连队小,那他肯定是看走了眼神。你走遍全军,打听打听,一百八十号人头,男女兵混编,这架势天下有几个?开灶做饭,两个炊事班各忙各的,一个司务长要管两个上士(给养员)的伙食账不说,两个士兵灶还玩竞赛评比、取经送宝呢。咱连里的连级干部,坐下是"八仙",列成队还是"八仙",那位"半边天"副指导员,不叫"仙姑"也是"仙姑"。咱连的排以上干部,缺编一把还有四十多号呢,列队听报告,走是一大片,坐也一大片。就这阵势,哪个连队摆得开!

天地就这么大,"神仙"不知有多少,没有个金刚钻,别揽瓷器活。我在连部的小四年里,两任连长一个北京兵,一个上海兵,指导员就不说了,副职的俩上海兵,再加福建、江西的几个,城市味浓得冒不出山沟沟气,远远超出那些山头上待着、山坳里蹲着的普通连队。

连里接过一回北京兵,十来颗种子,就埋下了散不掉的京味。篮球场上,副连长有心要试探几位的身手,老远抛个球,坐场边的赵永祥顺手接住,回手一甩,大弧度一空心篮,好漂亮!副连长"哇"

地一声,接着夸赞"真有两下子!"赵永祥拍拍裤腿上的草屑,不紧不慢地回一句,"什么呀,我还有一下子落北京没带来呢。""快,快,再来一下给大家看看,别留一手!""副连长,你当真以为我有三下五下子?"

就这赵兄,有次夜岗转到车库,新接来三台通信车,愣被他看出一台车变速杆弯曲得不对劲,有问题,天亮了一报告。问他入伍前开过车吗?没呀。哟,这可是爱玩车的种子,很快从架线排上驾驶班去,学开车。那些年,还没实行志愿兵制,义务兵服役期短,技术岗位留不住人,发现苗子,就赶紧培养。

大个子的刘树文,1969 年兵,原在载波机房值班,闲暇时爱进军部卫生所逗小丫,有病无病干蹭,拉呱搭讪过过嘴瘾,女兵小护士没人敢多吱声。一天,撞上军里卢副参谋长,他刚由越南前线调回,还兼着军直机关党委书记,瞧见这么个大大咧咧的兵,习惯地问起"哪个分队的?"刘树文看也没看身旁的首长是谁,直冲冲地甩出几句:"你问我啦?告诉你,我爸的官儿可比你要大!"副参谋长一愣,半晌没言语,等回过神,叫来直属队协理员,指着远处那背影:"你把那大个子的档案送来给我看看。"好歹闹明白了,他爸就北京郊区一赶大车的,啥官都不是,一口京腔就能懵新来乍到的。

这刘兄看似爱蒙人,可绝不懵自己。连队评五好战士,初评没他。他抱起一支冲锋枪,就坐到山边的桂圆树下,一坐几小时。开始没人敢上去劝,怕他扣扳机呀。支部紧急开会,内紧外松布置妥了,他的排长才笑嘻嘻地往山坡上晃,做饭后散步状,见了面,先掏"大前门"。"唉,排长,今儿怎么舍得买好烟啦?"排长哪敢兜底,支支吾吾,嘻嘻哈哈,总算引他下山了。"唉,排长,咱俩说好了,下次我馋'大前门',就到这树底下来坐坐,你可别抠门,给咱来那自己卷的'小前门'。"这事真够万幸的,没把全连的"四好连队"冲掉。

刘兄兵役四年，宣布退伍，和孙副指导员有过精彩对话——
"不成，我不能走，我还没入党呢！"
"地方党组织的大门也没关着，一样欢迎你嘛。"
"我早就写信告我爸，说已经入党了。要是知道我骗了他，那非把我揍个半死。"
"老百姓还能打人？谁敢打咱连的兵，我带个冲锋枪去给他一梭子！"
"哎哟，副指导员要掏'大前门'了？让我带几条走？"
"咱共产党又不是'大前门党'！"
"上次搬糖包，他们四个党员一人拎一个角，半天才抬一包上楼，我一个人来回扛了四包，你说说，我早就够四个党员的标准，是不？"
"你要想加入劳动党，可以上朝鲜、上阿尔巴尼亚去表现呀，人家可是明打明的'劳动党'嘛……"

后来，连部几个干部感叹，刘树文当兵错过了时机，要是打起仗来，肯定是个能玩命的好兵。这几句追加的评语，反反复复说起，实在是印象太深。这刘兄跟其他兵就不一样，离开军营前，上机关管理处长的小屋里，处长跟他一般身材，二话不说要件四个袋袋的旧军装，提了件半新不旧的，说声"谢谢"就转回连里。返北京的火车票办好了，交给他，他假装不肯接，似乎还有什么讨价还价的大事，车票往饭堂的地上一扔。指导员正在吃饭，端着碗大吼一声："就扔那儿，别管他，我倒不相信呢，没个王法啦，军事法庭不是吃素的！"一声比一声高。我坐在一旁，观看事态发展。要管住这么个连队，真不容易呀，关键就看最关键的两下子。
多少年后，我刚退休，咱原老报训班的人相聚，把指导员请来热闹，问起如何对付不服气的干部、不服管的兵，"大不了就是打一架，谁怕谁！"他抡起胳膊挺起胸，诉说和谁谁掰手腕、和谁谁摔跤，都比试过，"又不是我要当这个指导员，是你司令员、政委叫我当的，你能不支持我？去支持那个捣蛋的？我就不信了……"听来听去，好像有股子使不完的劲，仍在耍横。横在哪儿？带兵的道道，不就靠这三下五下嘛。

跟刘树文一个排里的刘勇，1970年的兵，江西省高干家里的独儿子，干什么活都不偷奸耍滑，就是嫌连里的伙食不如他们家。两句名言不胫而走："连里会餐，还不如家里一个盘子底"；"干了一天活，又脏又累，三个带鱼头两根带鱼尾巴就打发了，肚子闹革命就这么好镇压的？"话传到指导员耳朵里，全连大会上，举起会餐时装红烧肉的脸盆，狠敲了两下，"我就不相信，哪家的盘子底能比这盆大，不服气拿来量一量！"

指导员对刘勇，真叫又气又爱，老有一桩卸不掉的"不相信"：每次文艺演出，你刘勇都要调琴弦，一调就是大半天，这扬琴就这么难伺候？刘勇呢，会把两根扬琴棒捏在指缝里轻掂微颤，悄悄地对咱哥儿们说："你别看他是指导员，五音不全，唱歌跑调，我跟他怎么说，他也不明白呀。"

确实，刘勇有一手好扬琴，单看那琴上贴的字条，就是师出正宗，"快而不乱；慢而不散；轻而不飘；急而不躁"，果有真传之妙，连军区文工团的同行都敬他三分哩。凡是外来军部慰问演出的，没见过一个扬琴手压过他的，这是指导员也不得不承认，说什么总要让刘勇适时露上两手。

江西刘勇的后面，1973年来的刘卫平，也是高干子弟，人称二刘。"嘻嘻嘻，莫关系"是他的口头禅，非京腔而是闽南语。这眼自有出处。

　　一次卫平和连长一同如厕小解,他先毕,绕到连长身后,用右手两指轻轻捏住连长裤子的后裆,猛一提,连长撒尿刚到半截,突然受惊扰,急停中猛回头看是谁在捣蛋,这二刘的左手正搭在连长肩头,朝下一指,来了个提示动作,念念有词:"紧急刹车!"还把堆满笑容的鬼脸愣往上凑,近得几乎要贴上连长的胡茬子了。得意之余,扬长而去。隔一会儿,连长事毕,找见二刘,连声道:"不能玩,不能玩,命根子!命根子!"二刘知道他所指"命根子"为何物,照样是"嘻嘻嘻,莫关系"。从此,"不能玩,命根子!"竟成了咱连风靡一时的流行语,对应词自然是"嘻嘻嘻,莫关系"。

　　二刘从小在军营里长大,老爸调动调防一次,他转学一次,升级跳级随他选。"文革"中,他爸到了厦门。卫平放学时骑单车,双手左右交叉握车把,在大马路上乱扭,险些肇事,被上路执勤的战士逮个正着,一问家长姓名,立刻放人,不敢再为难卫平。我们拉练,晚上休息,聊天间隙,二刘把女兵的小号鞋硬套在脚上,踮起脚尖跳"天鹅湖",急得女兵哇哇叫,追着打闹。熄灯后,指导员在我耳边问:小刘会不会出"作风"问题?我回了"放心"二字,指导员就踏实了。"怕多出人来"的弦,永远在他脑瓜里绷着呢。

　　那几年里,各级头头常会悄悄问到干部子弟们的事,干部子弟也常会悄悄议论各级头头们的事,我夹在中间,也算是训练你坦诚待人和说话技巧的业余课目吧。刘卫平和叶宁,两家都在厦门,常托人带来各种零食,怪味豆、鱼皮花生不断,压缩饼干、巧克力也不缺,就放连部的库房里,空的弹药箱,密闭性好,不怕老鼠偷吃。他俩会在约定时间里,按约定的暗号,蹑手蹑脚来,嘴角抹得一溜干净出去，从来没被人发现过。

叶宁样样出色，遇上这样的兵，带兵的无一不乐意。叶宁后来调海军，绕过军部办调动手术，军部韩副政委知道后，想挽留已无可奈何。叶宁在准备退休的前一年不幸病逝，遗体告别在北京八宝山，纪念追思会在厦门，老指导员王德风两次从福州赶去，77岁的老人，在叶宁的遗像前下跪献花，在场人能不落泪吗？海军的弟兄说，感谢陆军老大哥给我们送来一个好兵，王德风深情地向叶宁的姐姐说，感谢叶家为我们连送来一个好男儿。叶宁到海军，转业前已是舰艇的政委，因患上伤寒后转业。在国家体委，何振梁大佬想留下他长期干，无奈更重要的部门，更重要的人物看中叶宁，派回厦门，委以重任，何振梁只好放人。叶宁在南方一隅打开局面后，竟在不该远行时去了天国远方……

每逢征兵季节，连队派人参与招兵，左挑右挑，带回数十新兵不等。1971年出了"9.13事件"，全军年底没征兵，到了1973年，新兵量大，主力来自江西兴国，也真几个"小神仙"，分到连里，各显灵通。记得叫刘祖昌的，拜师学过理发，连里就专辟一间小屋，找来理发椅子，挂上一面大镜子，配齐了理发工具，每到周六上午车场日、下午组织生活日，安排刘祖昌专为战友们理发。看似简单，彻底解决了连队理发工具混乱丢失的顽症。还有拜师学过裁缝的，连队的缝纫机就交他专用，同样固定在周六，为战友们缝补。拜师学过木匠的一位，也不记得名字了，连队也因他而配齐木工工具，承担日常维修，还曾经做过乐队的"谱架"，排演节目时，正派用场。小连队小社会，五匠不至齐全，有一算一，总比没的强。

另有一号"兼职"，也很必要，连队里总得保留当地兵承担"翻译"。福建地方的语言有特色，八闽大地不同乡音，1973年兵曹长胜，呱呱叫的"翻译官"。

也是1973年来的新兵中，屈指可数几个九江兵，年龄最小的徐正国个头最高，又早生华发。他若一上球场，就会引来"副连长"的传唤声、喝彩声，外来人惊奇地发现我们连干部配置如此年轻，探明底细才知道，纯系外号而已。退伍以后，我上江西出差，还见过他。写这篇连队回忆时，传来他不幸病故的消息，赶紧补上一笔，以怀念这快乐的小伙子。

1972年以后，军校陆续恢复，连里接到推荐名额，按要求送人出去，上南京、重庆两地的通信兵学校，杨贤凯、宋富彬、李福科、涂高良四位，都是普通农家子弟，干部子弟从不在考虑范围内。指导员为首的几位连干部的正派用人，口碑长在。若按正常发展，李福科所在架线排，他是最不可能提干留队，命运改变像梦境般突然又偶然，到了晚年，他从某市劳动局长的位上退休，坦荡地说起对得住部队的培养，属全省表彰的优秀局长。在他心目中，连队送到军校的机遇，视为几辈子难遇的可贵。

连里还有过两次"选飞"将成未成。（相当一段时间，补充飞行员都从现役军人中挑选。）第一次，选了个1968年的山东农村兵，姓孙，体检关过了，本人以为政审关不会有啥事，一阵得意，家信中多写了几句，家乡传开，不料政审大关卡了壳，翱翔蓝天的梦没实现。第二次，1973年的九江兵朱华伟被选中，体检关过了，要政审，连里派出林、沈两位干部准备出发外调，把朱的档案一打开，比画出发路线，发现朱的亲戚关系复杂，规定时间里不可能跑完那些点，经机关政治部商议决定，干脆不外调了，什么飞行学员，咱炮兵不送了。一本正经地通知朱华伟，需单独再去做最后的身体"复检"，新的结论当然是空飞不合格，说是砂眼问题。朱华伟毫不知情，继续在连队干无线电报务。多少年后，我们相遇，说穿老底，他才知道完全被蒙蔽一场。他父亲是老资格的干部，履历表上满满一堆，确实复杂，不然哪叫共产党的干部呢。

朱华伟后半生颇神神秘秘，不知他在何方任职。直到两年前，他写了一篇谈瓦良格号航母引进内幕的短文，我才知道他在这个特大项目中的角色，"真人不露相"呀。也因为他哥哥，曾得开国老帅老将的青睐，贴近身边工作并嘱"可要安心哟"。此后，兄弟齐上阵，为国效大力，理所应当。

要说咱连的"神仙"，一时半会儿说不完。有一特例——在连里是普通一兵，脱了军装是普通一工人，家庭背景是普通一市民，普通人就从普通车间里起步，一步一步干到全军总装备部部长的大秘，重新穿军装，经中央军委主席签发命令，授衔上校——这样的兵，哪个连队有这等"赛神仙"？他的大名，咱就不说了，咱连里人自己知道就行，没必要让更多的兄弟连队来跟咱连比拼。

军营老话兵熊熊一个，将熊熊一窝。咱连出得"神仙"个个，自然得瞧瞧带兵人的胸怀气度，你先容得下、盼得见手下生龙活虎，才养得成龙腾虎跃，严管严带知放开，肯学肯练真功在，先有伯乐，后有千里马嘛。日久天长，广宇辽阔，咱连走出去的人，总会傲傲地说：福州炮兵通信连，天下少有！

经历过了，再回味

现在谈起来，1975 年的深秋往后，真可谓人心难言，难言人心。军营外，从举国大局势到各地看得见的世面，动荡不定。我们那座军营内，机关那边按部就班地运转，直属的分队受命精简整编，正刮着解散的风。咱一连人，那心，那情，看得见的带个"散"字，但也正蕴着由散而定、以大散去迎接大聚。

转过年来，刚年初，周恩来去世。指定全国下半旗致哀的那天，我们连队楼顶上的那面国旗由我亲手挂上，停在半中拴牢。记得是和连部通讯员，爬上五楼顶上的平层，简单地完成操作。当时不知道该履行什么礼仪，寒风中不愿久留，显得急急匆匆。抱着旗杆时心底的那番滋味，生平第一次，也是唯一的一次。

举国悼念中，我制作起大字横幅很用心，白底黑字黑框，贴在连队一楼门厅的正面，横贯一堵墙。直到 3 月底我退伍离开连队，标语仍无破损。全连最后合影安排在 3 月 10 日，从那张照片上的玻璃门透视，隐隐约约一溜黑体字，端庄规正，那是我在连队的最后一次出手，至今依稀可辨。

回到地方，能常见连队的两位战友，涂高良、李福科，他俩正在南京通信兵学院上学，隔三岔五你来我往。好像是 8 月里，胡祥习出差到南京，正逢地震闹得凶。我们见面谈了许多。连队解散时的人员调派，他参与讨论决定，听他复述点滴，挺有趣的。他还带来原部队的各种消息，多沉甸甸的，让人透不过气来。老胡讲述得不温不火，一听就明明白白。从此，我认他是坦诚相交的战友。大约1995年春上，我绕道去江西彭泽县，专程看望了他，这又是后话啰。

9月里的大事是"红太阳"落山，人的压抑心情到了顶点。熬到月底，迎来节日放假，离开部队后的首次长假，和另两位当过兵的哥儿们一同上了黄山。人生第一回领略山河壮丽，拼凑出一组诗词，约六七首。老友中有人看好叫好，我挺乐意抄上一两首拙作送人。记得还抄送远在九江的梅晓云，抄得颇认真，又毫不自谦地大侃了一通。千载难逢的历史拐点，五岳伦比的天赐佳境，绝版式地交汇降临，绝难再遇，抑制不住中，入眼入怀，继而出口出手。

黄山下来没两天，"四人帮"被抓，堪称全年一大快事。举国欢腾的日子里，在炮三师的我哥出差山东顺道回家来，调到炮三师的张强利用休假也来南京游玩，逢我工作调动，就利用报到的间隙，陪他们疯玩，连日大吃螃蟹。

秋去冬来11月底，我父亲去世，虽说是严重的心脏病，毕竟太意外。我是眼看着抢救无效，陪着母亲接受这突然打击的。父亲没留下一句临终的话，很长很长时间里，我都在追忆父亲的点滴。送他住院前，他在闲聊中告我"立以德为先"，族上派辈份的一句，自然得当祖训看。更早几天，他还提问过我，你知道恩格斯为什么说杜林是不学无术的吗？不慢不紧、不重不轻的两句，成了一道"紧箍咒"，成了一笔"阅读债"，至今没有松脱。反复咀嚼，当临终叮嘱记挂着。

进入12月，服父衷中又传来坏消息：刘禄长查出肝癌。我们福建炮兵人人知道的"刘司令"，也是我的姑父，我的大恩人——他调任军委炮司前夕，安排我和哥哥一同参军，在我全家最困难的岁月，伸出温暖的手，大大改变了我们一大家子的境遇。就在10月初，刘伯伯还健步上了泰山顶呢。他最后躺在病床上，还留下回忆：

我虽然腿不便，但一直坚持锻炼，所以变成很能走的人。1976年我出差路过山东，去登泰山，参谋、干事想照顾我，可他们爬不过我，我遥遥领先地往山顶爬，这时一个亲戚正好也在登泰山，看到这怪现象：一个老人在前面爬山，一群年轻人拿着氧气袋跟在后面。这亲戚追着看，认出来是我，回来说给家里人听。

（见刘四玲的记录。山顶巧遇并追着看的亲戚，就是我哥）

民间早有"两个八月半，人要死一半"的说法，应验于党国，不必再叨叨。搁我们大家族间，都狠狠地说"应验得太绝太绝"。那一年的农历，有个闰八月呀！1976，在咱国咱家的历史上，独一无二，无论什么年头，提起这年份，回顾国运、家境、人生，感慨无限，历史性大转折，真实经历过。至于我个人的经历，并不是简单的独一无二，苦想过多种角度，都感觉无以概括，落下"连我心连"就够拥抱够深沉了。

那年头，二十晃荡的退伍兵，夹带什么自命高低的味儿，并不自觉。俟年过三十，应聘报考省电视台时，那组"黄山诗"还恬当个人作品呈交，竟被人看出有点少年老成。转眼四五十年过去，一晃漫漫岁月矣，回首以望，欲说连队往事，扳手指算算，同一茬的连队人，截止2016年全都会满六十，都该退休，清楚记得没有1957年以后出生的人。军营的气味，散不掉！那年月的气味，散不掉！卡着时间佳点，提前两年，2014年开春，动议连队纪念册的事，悄悄开始了。

最热心此事的叶宁，却在2015年春天里突然远去。走在他的前面，有过好几位战友，我都没能前去送行，只发过唁函，送过挽联，加上怀念文章，追写过两三篇。只因叶宁的离去，我和指导员王德风赶到北京，在八宝山送别。在叶宁遗体边，老王泣不成声，一番追思，带领连队老战友站成一排，深深地鞠躬，一场送别，只为"感情建在连上"。

　　送别仪式后，我问老指导员，咱连的人感情凭啥延续至今，凭什么？答案很简单，说到底就是"玩得好"，各自守着做人的两条底线——正派、活泼，或者说有正气、有灵气，年纪轻轻起，一步步到老，从军营到地方，干本职，玩业余，情趣相投四十几年，一路过来，不改本色。正气灵气凝结的人脉，一茬接一茬，经历了复员退伍、整军缩编，撒在天南地北，早晚一联络，依旧玩到一块儿……热忱相待、机灵过人的，越玩越抱团，一连战友情，独冠长城内外。

不经意间，叨叨了两种本色之气，尚留得气色不改不散。

　　无须讳言，也还有与"气"不容的"味"——茶味、酒味。当年的老连队几乎闻不到这味儿，岁月无形中，个把人以茶进阶，以酒高攀，他们的人生结局，或得意自喜，或被审被判，还能多说什么呢！若问咋回事，本不值得细写，毕竟战友一场过。停住敲键，且待"多付笑谈中"吧。

　　有道是军人该有军人样，连队该有连队样。若讲国家化，普世的养军练兵路，须把眼光往外放一放。咱呢，受政工一党化的训导，经历军营栽培之路，谓大熔炉，谓大课堂，学生崽进油子兵出，落得个"感情建在连上"，老老老也不走形，依然无愧于军营一遭。

　　转眼七十翁，做起白发叟，扪心自问：还能玩到哪一天呢？几度春去秋来，硬把迈进走出连队事搜刮了一通，拉拉扯扯一堆零碎。搜刮未尽，不禁想起离开农村前，从插友处借过中译本的"德国诗选"，至今犹能念出歌德诗中两句——"林中，栖鸟缄默。稍待，你也安息。"

隐约记得此诗前后跨五十年,饶有一番故事:诗人先于三十出头,在群山怀抱的沉寂中,慨然题诗壁上。三十年后,64岁生日第二天再登山,将题诗的笔迹加加深。十八年后,逢诞辰前夕,以82岁高龄故地重游,吟诵壁上诗,挥泪而去。不足半年,歌德长辞人世。老诗人毕生所爱句"稍待,你也安息"最终应验。诗魂灵性飘荡天地。

记忆的片段,未必准确。为了核实,重新去查阅网络资料,那是歌德的《游子夜歌》。正查着,又联想起迈出军营的那年,也有过借景抒怀的小词。随即从存盘中拣出,为黄山的"飞来石"所写的"忆秦娥",敝帚自珍中尤偏爱,自感包容了大半生的趣向:

崇山浩,一石独屹流云绕。
流云绕,尽收春色,更添秋俏。

神飞顾盼锋鸣鞘,雄姿昂首势如跳。
势如跳,身临凡地,恋归天道。

以告别连队时的那点认知、那点水平,凑得长短句。不觉相去亦近五十载。能收的春色,能添的秋俏,都到了该归拢该盘点的档口;脚踏的凡地,心恋的天道,半是依旧、半在翻新……

边写边改,至2024年7月请专业编辑校对过第五稿
边改边排,至2025年7月完成自排书版

连队大合影,摄于 1976 年 3 月 10 日

叶宁（右）段岳衡（中）和刘卫平

作者和陈庆，1974年在连队大门口

离去福建的遐思

一

初夏五月，赶去厦门，参加一个追思活动。活动结束后返回，列车驶出福州南站向北，我贴住窗口，趁钻入隧道前的几秒，紧盯着老营区，希望重见那棵大榕树。没等我找准目标，动车一加速，两眼漆黑。这新开的隧道，与当年的战备坑道恰在同一山腰间。再往前，车过闽江，奔闽北、浙南疾驰。

福州已渐渐远去，福建也将离去，划过这片见证战友情谊的土地，动车毫不通人情，它不会放慢速度，不会无故停留——虽然这车上有人怀抱难舍难别的心情，纠结地指点目光，无法聚焦，无法在青山白云间逗留……

咦——，车竟然停住了！

——动车在驶出福建之前、在一个大站上，足足停了两个小时。

停车确有路方的原因，线路啦，电路啦，不必多问。私心却悄悄地琢磨：天若有情，动车也有情，莫不是单给"感情建在连上"的人多一次机会，再留下几份思念。

二

是的，这里叫宁德。

宁有德吗？"宁"若是人名，他是谁？

厦门的追思会，又在眼前闪回——

一位男子汉在台上泣不成声，发言断断续续，又一位上来，再接着，三、四位……"说好了的，不哭，不哭，怎么就忍不住呢！"发完言的几位，竟抱成一团，泪流作一团，为了什么呀！

——为了战友叶宁。

预先有了解释——幻灯片《感情建在连上》，副标题点明"与战友叶宁没有结束的对话"——会前反复播放，对话说得很明白，直到片中的"熄灯号"响起。

那天的发言，每人先向叶宁的遗像深深地鞠躬，再回忆叶宁的为人，无不声泪俱下。会上，海军的兄弟说，感谢陆军老大哥，为我们送来一位好兵；会下，陆军的回应，感谢海军弟兄，是你们造就了他完美的军旅历程；陆军海军的老兵都说，感谢叶家人，感谢他的父母亲，培养出这么一棵好苗苗！叶家的姐姐则说，弟弟最像我爸，说话风趣幽默，待人热情真诚。

他在厦门的同事，青年人发言，一遍遍说起他一贯尊重长者，泪涌失声。南昌赶来的张铁军发言，说起几年前的一段往事，彼此间的一段对话："叶宁，你是总经理呀，怎么蹲下来替我脱鞋、换鞋呢？""老班长，永远是老师嘛……"铁军哽咽了，泪挥不去，夺眶而出。一段小故事，短短的几句，费去了好长时间，几次开口，几次停下抽泣，越说声音越低，全场肃穆，静得听得见针尖落地，台上台下，纷纷落泪。

唉！此时无声胜有声。

顷刻间迸发的泪花，必带着年深日久的积蓄，又伴着难忘的细节，和盘托出那份刻骨铭心的感念：有一颗心，滚烫滚烫的，曾经贴着我们很近，近得能听到脉动的声息，留下了一串心对心的交流。

所以，有了追思这一刻，有了催人泪下的一幕。

代表发言结束后，与会者排成队，逐一向叶宁的遗像献上一束白菊花。遗像前，老指导员王德风下跪行礼，北京八宝山的遗体告别他赶去了,是现场最年长的白发人,厦门的追思他又来,还是现场为数不多的白发老人;张铁军也下跪行礼,挥泪献花;每一位战友,无论陆军的、海军的,几乎都举臂致军礼;每一位发小,几乎都要捧住遗像,抚摸他的脸庞……

大厅里播放着《怀念战友》,撕心裂肺地呼喊:"当我永别了战友的时候,好像那雪崩飞滚万丈,啊——,亲爱的战友,我再不能看到你雄伟的身影,和蔼的脸庞……"一遍又一遍。此刻,余音悲鸣,似乎又回荡耳边,环绕在闽山闽水间。

我打开手机,重温"炮兵战友群"的微信,尽是追思叶宁的图片、文字。那天十一点多,张闽英曾发来一串抚慰:"拜托你们别哭了,要不叶宁不得安息了。生者要快乐,逝者要平静……"远在山西的她,肯定被现场声触动了,赶在献花的当口,寄语"拜托"。

你相信吗,这里恰是"宁—德"?停下来,给你片刻时间,去站台上走两步,面朝着厦门方向,一番遐思袭来:宁有德,叶宁之人格,有哉优哉!

三

宁有德,"宁"也是地界,南京的简称。

——话又该从何而说呢?

叶宁他生在南京,我长在南京,三十九年前军营分别时,我将回南京,他和另一位厦门兵刘卫平,送我两大包相纸,随后几年间,他俩源源不断弄相纸,设法带到南京,供我钻暗房。

有一种外来的理论——"蝴蝶效应",说大洋东边的蝴蝶扇动翅膀,会引发大洋西边的海啸。好像是说原始动能虽小,连锁触发引起的能量增殖,是不可估量的。这与本土的"无心插柳柳成荫"之说,似乎颇接近。二十来位战友齐集厦门追思叶宁,追思会外,无论扎堆闲聊,无论会餐举杯,说起我们连天下独一无二,战友联系特多特广,频频聚会,大家都说没有我这老文书的"忽悠",不会有这等局面。呵,我何德何能,反被众人的"忽悠"捧上天。掏一句心里话,回敬各位战友,我要说,那两大包相纸就好比"蝴蝶扇翅",正是厦门战友"无心插柳",也才有了今天。

如果连续追问自己:你凭什么四面八方去忽悠?凭电视台记者身份嘛;你凭什么通过招聘进入电视台?凭自留的那批摄影作品吧;你又凭什么积下那些摄影作品?凭战友通过厦门感光材料厂,弄来大包大包的相纸。

——链接可以还原,原点十分清楚。

如果还要追问,战友1996年北京的那次大聚会,既早于天下连队,又大不同于天下连队,此后频频聚会,源头何在?应该说,第一次的成功,是借助于段岳衡获奖。他获国际摄影大赛的银奖加铜奖,捐出奖金当聚会的经费;他凭什么玩摄影,明明慢半拍起步,却飞一般高调进取,以致获奖不忘老战友?应该说,除去他自身条件、当地条件,远方一帮战友的无私相助也算给力,弄相纸的帮他买,送作品的任他挑,前期如何拍、后期如何冲洗印放,多年摸索的门道,尽可无私交流。段哥出名摄影界,全在预料之中;段哥挑头来招呼战友,回回一呼百应。

——源头在此,活水长流也在此。

所以,哪一回不是先问明"段"字旗插何方,再开盘"忽悠"众人。刘卫平爱玩"向南京喊话,向总统府喊话";张铁军曾当众发问:你是怎么"忽悠"的?我的回答很简单:南京大萝卜嘛,就是"一五一十"。剔除搞笑,战友中排行"老五"的有好几个,被忽悠了俩,那叫"一五一十";鼓动了仨或四位,则叫"十五二十";生活中,守着实际情况,谨慎办事,并不难,人称"一五一十"——原本是务实者的德性。我们依然可以说:凭"灵气"与"正气",贯通战友血脉,才凝成"玩得好"的精髓。

若为"宁－德"再生一番遐思，我愿这样去想：身为南京人，不负战友捧，真情见实处，规矩惟热忱。

"宁－德"哟，既然近了，且无法再近，不妨远虑：下脚的地界嘛，不曾晃过，更别错过，慢慢留下几许，若堪回首，也值呀。

四

应该说，"宁"是一界，"德"是一格。

回想我们连，靠编制兴旺时也罢，编制撤销、全连解散了也罢，前前后后有过三个响亮的口号：其一"支部建在连上"，其二"感情建在连上"，其三"忽悠回到连上"。如今，第一句早已褪色，谁想恢复也绝不可能了。第二、三句，在清淡勿躁中，显现出蹦蹦的活力，只因为"咱当兵的人"，尊重自己的青春岁月，尊重战友的人格，珍惜步入中年、老年的时光，既有德配山河的基调，也有宁静致远的境界。连里先行远去的几位，如萧厚树，如叶宁，风范长存；还有王修体、张玉宝、桂贤能、沈海清、刘勇、张文雄、张文雕、涂勇，等等，音容婉在。继续人生漫漫路的，从六十上下到七十开外，别无所求，"感情－连上"，外带一五一十的"忽悠"，何愁不见秋水共长天、落霞伴孤鹜呢！

有了口号，音不在高；入界守格，自可逍遥。真个好爽时，敢笑他人手眼高低。凡事可遇可逢，"感情"亦如此：战友老来心愈宁，一腔情感如水如鉴，但愿一副副身板无病无恙，通体安泰，不必折腾五尺之躯，不可闹腾东家西家，AA制深入人心，老夫老矣，能舍能得，宜近宜远，善哉善哉……

五

车停宁德，诱发阵阵遐思——挂念着的人与事，痛也痛过，幸也幸过；遥念着的土地，染过旧谊，又承载新诺，点滴重千钧；脑海里浮现出笃情厚义,朦胧在近处,憧憬于远方……临落笔了,该收拢了——

恰好记住,宁——德——

这才别了,福——建——

2015年6月1日在宁德起笔

次日于南京成稿,隔日改定

补充几句:这次厦门行,一举两得,既参加叶宁的追思活动,又是战友们的大聚会。之前以电话、微信联系各位战友时,都予明说的。厦门相聚,泪流了,话说了,酒也喝了,一切圆满。感谢叶宁的家人,为我们提供如此良好的机会。我先一天到,后一天走,本应认真记述有关片断,且以这篇"遐思"略记两项主题,有见闻,有感悟,聊作敷衍。欠缺之处,敬请各位原谅。特别是叶宁夫人、两位姐姐,以及日夜帮忙的叶家的朋友们,你们的盛情,我们会牢牢记住。

同命的苦涩

——杂忆为陈庆填词之事兼怀其人

1984年大热天来临时，我找出一张雪地竹影的照片，填了一阙"江城子"送老战友陈庆。时隔三十八九年，前天一早，得到陈庆在上海去世的消息，捡出配了词的旧照，连同战友间合影的多张照片，陆续发在战友微信群里，缅怀之意，似已不必多说。但是，那张竹影照背后的故事，一直在我脑海里翻腾，牵连着一代同龄人苦涩的记忆。

先得解释一下，"一代同龄人"是指因文革闹腾没能读完高等学校课程的老三届中学生，宽一点的话，还有前面的半吊子大学生、后面的没认真读好小学课程的低龄生，简言之就是十年教育断层代中的直接受害者。所谓"红卫兵学生""红小兵娃娃"就是指咱这茬青黄不济的人。文革之后，大刀阔斧整顿中，高等教育和职称评定两件事得以恢复，却深刻地影响到我们这一代同龄人的待遇，学历和职称，如山崩如海啸般扑过来，躲都没法躲。

陈庆是1975年退伍的，分配进上海科教电影制片厂，同时进厂十位退伍军人，真正端牢摄影业务饭碗的，就他一个。几年之后，厂里开始搞评职称，填报"作品"专栏时，陈庆已远超一般同事一大截，仅《世界屋脊》拿到国家级大奖，摄制组就那么几个人进入高原无人区。只因为没有大学文凭，按文化部里的刚性规定，不能评聘专业职称。厂里头头无奈间甩出这样的话：不管你什么文凭，哪怕跟咱拍电影毫不搭界的专业都算数。头头随口补了一句，"比如法律专业"啰。此话竟一语成真，几个月后陈庆就接到上海夜大法律专业的入学通知。当时，陈庆有长信给我，写了他真就去报名应考业余夜大，其艰辛，与数万名同命人竞争，几乎大病一场，以至不敢去查看成绩，自感毫无希望，谁知竟从中脱颖而出。

那时，他结婚成家刚做父亲，虽说家务公务样样缠身，但总可以从头迈上自己的路了——打算自费去拿个文凭，且不至于影响手头工作，再去拿下理所当然的技术职称！可是，命运的滑稽戏才刚刚开始。陈庆他当时算是预备党员，这在今天看似不值得多谈，但回想他脱下军装时，在党票面前，硬被拦在组织门外，原本没理由比别人矮一截，仅仅因为是巴金的亲戚，"社会关系"背上大大的问号，且可背不可卸。进入电影厂后，世风忽变，才得以成为"新鲜血液"。就在为争取学业节节努力时，"好心"的劝说来了，他毅然表示，宁愿不能转正入党，也要拿下大学的学业。在给我的信中明确写下了这条心愿。今天读来，分量几何，不能不联系他说话的大背景。用他夫人晓闽的话说，彼此认识以后，隐约感到他内心有一种内向的"自卑"。找找话音里的时间坐标，会更好地理解陈庆——毕竟，他是那个大家族圈里唯一被送进"红色"熔炉、唯一有望率先"翻身"、再有"作为"的年轻娃，老革命老干部的父母心血所注呀，偏偏命运的眷顾总是吝啬的。

写到这里，不禁想起陈庆多次向我复述过张春桥的名言：对巴金，不枪毙他就是落实政策嘛。"时代的一粒灰尘，落在一个人头上，就是一座山"完全是事后之音，当事之刻，苦难临头，有谁体验过这分量几何！

陈庆在夜大的学习开始不久，"好事"接踵而来。文化部直属的北京电影学院有摄影专业，稀缺的名额分到上海电影局系统，年轻人开始为仅有的一个名额"公平竞争"，由系统内相关部门出题统一考试。陈庆他正在外地拍片,接到回厂的通知,几乎没有复习的时间了,被逼入死胡同,依然抖擞上阵。内部考试的分数一下来,陈庆拔得头筹,按说可以享受拼搏来的甜果了,偏偏有人叫苦:你们出的题目太深太偏,摄影专业的题目都是大专毕业的难度,拿来测试大专入学的人,太不公道。确实,除陈庆外所有人得分都不及格,绝大多数是个位数,唯独陈庆遥遥领先,接近满分。无奈,教育部门宣布这项得分在总分里取消。谁知陈庆依然是总分第一!按说所有人该服气了吧,哪知再次飞出"幺蛾子":大学招生有明确规定,招高中学历者,他陈庆已是夜大注册的在校生,早入了大学门槛,不属于应招对象。你说说,如此这般,遇上死拼活拼的,非鱼死网破才罢休。结果上海电影局活活废掉一个专业保送的名额!

再有一年,那上海的电影系统可能太知道陈庆就是个人才,上上下下太知道挡他不住的,又是一番折腾,新年度新名额,他终于被送进北京电影学院的摄影专业。这才松一口气,给我写来长长的信,希望我为他写几句诗,记下这段难忘的经历。陈庆单找我来完成这特定的"得高分"的活儿,分明是因了同命相怜,深知我不用费时酝酿感情,自然会以切身的体会付予文辞,递上满满的心意之作。

那阵子,我也陷入山重水复,未见柳暗花明呢。我迟他一年离开军营,1976 当年进入南京的一家军工研究所,开始认真学技术。几年后,竟然能在设计图纸上签名(在研究所可能是空前绝后地破了规矩),产品投入小批量试生产,还带着产品上北京参加六机部的民用品展览会。与陈庆大有相似处,顶着工人的身份干起非工人的活儿。同样遇上文凭、职称的烦恼事。为了入学电视大学的事,所里管职工教育的两头头从同意到不同意,操弄起哄骗压制,结果我跟他们闹僵了,以至我的工作岗位硬被拿掉,原先的研究室虽然收留着我,却发生七个月没处交党费的怪事。就是个报考电大,表白了去混个文凭,打报告说好了不影响承担的工作,再退一步,不求所里报销学费，我自掏学费，当着我的面他们信誓旦旦地答应，同意加盖公章，一转身就使开手法，连我所在党支部的书记都看不下去，站出来为我说公道话，却不在他职权内，找到所长出面，甚表同情，竟无法调解。以至逼着我寻求上访之路，最艰难时，我把全部情由告诉北京的老战友胡成民，他可以把诉状转递中央最高层领导的秘书，依然鞭长莫及，无法解决。僵持了一年多，所里头头开始松口：我们管不了你，你爱上哪上哪。

1984年春，正逢江苏电视台、南京日报社两家新闻单位在社会上公开招聘记者编辑，我硬着头皮上报名点，在没有原单位身份介绍的情况下破例报上了名，几轮考试下来，两家均有录取意向，我选择去了电视台，时在1984年秋。调离手续办妥，去向所长告辞，他说了句：以后有了作品一定要送他做纪念。直至退休后，我才兑现诺言，呈上拿得出手的两本书（新版重印的罗章龙《中国国民经济史》与李锐赐序的拙著《西京兵变与前共产党人》）。与老所长友情不断。

离所数年以后，研究所那位主管教育的头头，托人带话"我对不起邓伍文了"，此话至今仍在研究所的老人间悄悄流传。我向转话的老朋友表示理解与感谢。没多久，那位内疚噬心的教育科长因病去世了，他临终前的悔恨心声，带着毕生所痛之叹，不能不引起我深思良多。我的遭遇、陈庆的遭遇，都算不得什么。我在回忆军营生活的文章中补写过一段："那阵子，恢复高考、恢复专业职称评聘，已成大势。对于初步适应新的专业的退伍兵，无疑总得面临若干考验。我们这批似曾吃过酸甜苦辣的人，有着另一种失落感，长期潜伏在身，并没有彻底丢开。高考几乎没我们的戏，评职称又不甘寂寞，或遭不名的刺激，再略有长进，所幸没被新生一代甩掉，好歹熬到了退休。"什么是"失落的一代"？我怕自己没有资格来回答，只能观察揣摩一帮玩得好的战友、朋友，可以从中悟出点滴，几乎是普遍的遭遇，几乎是无法诉说的民族性悲剧。

战友中的段岳衡，退伍先在湖南的国营厂里，从厂工会干起，改革开放以后，报考地市级的报纸，当上记者，再进入省级传媒，你问其成功之路，他永远自称"就是剃头照相的啦"，最终成为国际知名的摄影大师，回首人生，学院学历等于空白或半拉子边角料。好友中的于惠通，徐州小厂的小工人，被省里摄影协会送到人民大学进修补文凭，调入新华日报，成为报社历史上第一个评上正高职称的摄影记者。他俩，在学历上曾抱有的愁苦，我太清楚了，多少次私下交谈，总有一种咬牙切切的余音：咱就不信，最后看作品说话！

依然留在军营里的老战友张铁军、张强、刘卫平几位，已经是七八年军龄的老兵了，也该提干了，依然在为一张像样的文凭努力，不远千里坐进大学课堂，方才心安。还有，脱掉军装转业回地方的，如刘思功、李萍、甘成武、曹国瑞几位，也是把争取进入院校接受专业教育视为必走之路。再有，张聚宁、梅晓云先后考入大学，由退伍兵而成为大学生，何曾不饱尝艰辛，尤其是梅晓云，能由国家教育部选送公费出国进修。天南地北，彼此间通信，如何争取上学、补上十年没读书的缺憾，一时成为中心话题；若没个进取，几乎没个颜面再向老战友开口。偶尔逢上机会，事后谈笑赶上混文凭的大潮，真有那么几分被逼得无可奈何，实质呢，还是想学点真东西，充实自己，总得对得住人生一场吧。

陈庆进入北京电影学院，他在上海的法律专业夜大并没有放弃，依然通过全部课程考试，如期结业。听说他在北京还报名参加了另一项业余的自学性考试，拿到北京大学法律专业的文凭，那认真劲儿，全不是考考玩玩的打发时光。自己选择一门知识，要去学就得像模像样，一步一个脚印才对得起自己，对得起身边的支持者。既上北京学拍电影，溜回上海参加法律专业的国家统考，他能两头不误。赶上文革后全国首届律师资格统考，他一把头考过关。只需厕身个律师事务所，就可大展律师资格，业余代理法律事务。但他放慢了脚步，只因原先就没准备全身心跳入律师的圈圈，他太热爱摄影专业，无须舍此就彼，顺带兼理何乐不为。一年接一年，看着他南北奔波，夫人晓闽真心疼呀，心疼至今。同时握有两张亮闪闪的文凭，晓闽唯报以调侃之语："他太内向了，天生就是应对考试的料。"

继续往下，北京电影学院毕业不久，回到科影厂里，很快有了不大不小的任职，他又去读上海交大的研究生，好像是企业管理学之类的。说起来，那所名校里的一批领导与陈庆都是同学呢。他究竟是"考"上瘾了还是"学"上瘾了呢？不免让人纳闷，拿文凭敢拿到手发烫，或许不算个错吧。直至病倒之前，他还以律师资格帮着厂里的同事写诉状打官司，仗义执言，凭真心所学实打实派用场。只因这两年他病得太重，没法再交流，但与晓闽嫂说来说去总有一大通实例，感叹之余，又会回到"生不逢时"的老话题：如果没有十年文革，国家的教育界按部就班地运行，他陈庆会是个什么样的人？

顺着话音，傻傻地痴想，所有那些能够上学而被活活耽误掉的一代，又会是群什么样的人？若允许继续发问，整个民族的科学文化会是个什么水准呢？可以发问追思的话题，太多太广喽……

在同陈庆的交往中，有一件事不能忘。他说过，有着高学历的母亲参加共产党的队伍，身边配了个小通信员，农村的孩子，就抽空教他学文化，共产党建政后，通信员家里分了田，想回家去过"三亩地一头牛"的小康日子，陈庆母亲就劝说，多学些文化，将来会有用场的。小通信员听从了，认真去学各项知识，后来被送去苏联进修，回到国内踏踏实实地工作，最终成为中原大省的党政第一把手。

陈庆的母亲，并无望子成龙老观念，更希望儿子学真知干实事。在这一点上，我和陈庆同感，先父当年的同仁、助手、随员们是如何成长的，故事也没少听过。但身为"二代"的我们，越是听父母们回首往事、评说故旧新雨，越听得烂熟，终能领悟出些许真趣，深知梅花香自苦寒来的道理，不敢无由地自贵自傲，躺在前辈的功劳薄上伸手伸脚叽叽歪歪算哪门子风气哟。不同人的命运，引发不同的感叹。一个农家的孩子，战乱中遇上好领导，学业进取，建立事功。这个好领导家的孩子，和平年景里遇上动乱，学业加倍进取，最终未能建功立业，所学摄影专业，可以问鼎摘桂了，偏偏遇上电子技术大更新，人类记录影像的手段突飞猛进，银盐胶片被数码影像无情淘汰，随之而来，细腻扎实的拍摄节奏被粗放快捷的扛机奔跑取代，相应的机构变动人事调整，黄浦江边一浪接一浪。陈庆空有一身科教摄影技艺，无处施展。转岗去了东方电视台，可谓人生最终的被边缘化，也是最惨的虎落平阳，令人徒叹悲催。

  写到此处，不禁想到补充几句。我所在的连队老指导员有一胸襟：真诚希望自己手下的兵，个个比他强，你有发展有前程，也是他指导员的光彩嘛。指导员能这样想，敢这样说出来，一点不掺假，我有亲身感受。而陈庆遇到的带兵人，可能缺少这等见识，或是有此心而无胆量践行。岂知陈庆和我的父辈，恰是具备这番开阔情怀的知识人，最不放心子女在成长的道上跌入死胡同，只会看着我们磕磕碰碰地去走自己的路。在命运闯荡这一点上，我俩尝到的苦涩或许稍不一样，我自应当如实地写下不该忘记的点滴。

  前年10月，陈庆度过七十生日。我看到了他在疗养院里的照片，问了他的近况，心头紧紧的。去年入夏，算来陈庆发病已经整整七年，7月底临近"八一"了，习惯借机打"擦边球"，便写下《"八一"前的小杂感》，副标题即为"兼述对老战友陈庆的思念"。小杂感传出去，和晓闽嫂、还有他哥哥的交流增多了，甚至他的表哥李小棠（巴金之子）也从侧面插问一声。我翻找出陈庆的来信，录入其中的段落，传予晓闽看，那张凝聚特殊心意的"雪地竹影"之照，我又按数码影调认真修饰，再次读到那首"江城子"，言辞之拙，不忍细品，内中含义直白坦荡，当年被陈庆欣然接受，今日吟诵，就算为他送上的一支心香：

《题雪地竹影》
雪花偏接未融霜，落根旁，又来伤。
试问清寒，还有几时长？
冬尽春来回暖日，抽嫩绿，见高亢。

圃中天地似稍强，自寻芳，亦得香。
会料松梅，此刻更昂扬。
同念世间留俊秀，风炼骨，沐天光。

那次填完词，附上照片寄去。自己又复制并留存，照片外边角处有小小的说明："一九八四年六月有感于战友电影学院进修事，并聊抒己怀。"或许，红尘世事的导演冥冥中早有一番布阵做局，让我有幸交上陈庆这样的朋友，有幸收获他数十封书信，有幸留存到夕阳晚风中重新阅读，读着读着，活脱脱的陈庆又立在眼前，读着读着，那熟悉的身影竟转身离去，不得不让原信从视线中移开，想听听老战友还会留下什么话，竖起耳朵睁大眼，他却一声不吭，一步不停，向着远方独自而去。遥望陈庆远去天国，我很想写挽联挽诗，苦于彻夜想不出一句，只有默诵着"自寻芳，亦得香"，心中念念有词：陈庆呀，我的好战友，你且远行，不问归去何方"圃外"天地，只当天高任飞的太宇，地广任游的辽域；如同摘下领章帽徽一样，有人先行一步，有人跟上一步，谁也不孤单；重新整整容，抖擞精神，一路走好；在那边，不听熄灯号，没有起床号，可以静静地安息……春天很快会来临，对于你对于我，对于每一位战友，是一样的！

2023 年 1 月 14 日，写于陈庆远行的第三天

流逝的零碎

—— 杂记小学时光

我在南京长大，学历上小学阶段比中学、大学完整，脑子经常倒流出小学时光，能够拾掇起的斑斓，却过于零碎。

七岁入学，进了鼓楼区的北阴阳营小学，六年后毕业，是在白下区的五老村小学，因二年级时搬家转学。完全告别"阴阳营"，俟再见到这三个字，已是在成年的历史书中，说到考古发掘，会带上一笔。最早的同学中，仅记得坐我后面的曹伟，他所用的铅笔充满家长的关爱，支支削得很好看，免得小孩乱动笔盒刨刀，减少课堂小动作。后来轮到我做父亲，也备足一大盒铅笔，每次出差前削好每一支，确保女儿换着用，用到我回来。

学校里高我一届的一位脑袋大大的男生，平时很活泼，但在和平电影院门口横穿道路，被公交车撞上，当场送命。学校借此大讲安全教育，讲过街时要注意看清两个方向的车辆，讲得很细，把黑板抬到操场的讲台上，画出示意图，反反复复讲，让人终身难忘。

北小的校长姓杨，一副老太太的慈祥样。她跟我们家比较熟，据家人回忆，我小妹妹的名字经她建议才改叫"宪文"的，正巧对上国家实行新宪法。我转到五老村，那是全国闻名的卫生模范，五小也经常接待中外宾客参观。最初的一次，带彩排性的接待什么人群，大概是社会名流吧，杨校长随队伍来五小，她在欢迎的小朋友群中认出了我，特意上前跟我握手，问候我父母亲，引得班上同学和老师很惊奇。

五老村小学原先是科巷小学，因五老村的爱国卫生在全国出了名，就改名，逐步发展成区里的重点小学，名声不亚于区里的"第一中心小学"，如今南京市里的重点小学，她也有份。最近从手机上看到一段老影片，意大利导演安东尼奥尼1972年来中国拍纪录片《中国》，其中介绍幼儿园、小学的两大段镜头，都选在五老村。小学操场上的接力赛，背景的校园一角，感到太眼熟。这部大型片子很出名，本是周恩来布置邀请国际友人来拍，惹得江青极不满意，动用舆论狠批过一通。那是文革史中有记载的大事，当年虽然清楚批判的概况，而真真实实的影片镜头，迟了五十年才观赏到。

在五小前后四年半，九个学期，主课的任课老师都还记得。四年级到五年级的班主任兼语文老师，叫王德风，跟我当兵时的指导员同名同姓。她从师范学校一毕业就来教我们，我们离校后若干年，她评上优秀教师，当了学校领导。回想她当年的形象，比我们高好一截，根本不像小姑娘。她热情地邀请同学们去她家，淮海路上一所院落里，离学校不远。王老师纠正同学的错别字，常抓"愉快"变"偷快"，回回都点名，那位"偷"同学会在笑声中脸红。有一次例外，发作业本前又说"偷快"，这次就不点名了。本子发下来，大家都没注意到，是我，王老师特意护着我，她生怕我当堂哭起来，因为我从小经不住事儿，听不得三言两语，特别爱哭。

王老师给我的作文打分特别高，甚至偏爱有加。有一次她从教师办公室急匆匆跑来，打断全班的自习课，听她朗读刚批改完的我的一篇作文。作文没规定题目，要求改写课本中的一首叙事诗，我胡添了课文中没有的一段，把结尾扬得高高的。这类改写作文，多数同学不知如何下笔，我竟然超水平发挥。当时我家大姐正临高考，她知道了，夸我的作文比她的同学都强。生平第一次敢从心底另眼看待大哥哥大姐姐，就打这儿开始。

五年级的算术老师姓汪，上课时爱扯课外闲话，以致影响教学质量。五年级下学期的期末考试，全班均分不及格，过九十分的只有三人，我也算一个，成为我小学十二个期末考试中唯一一次没拿满分。小学毕业后，就再也没有见过汪老师，想念之情出于另一情由——绝没想到，他的女儿跟我是中学同学，后来也成了小学老师，非常优秀。她担任成贤街小学校长时，我把女儿转学到她那里，托给她。她和任课的老师调教得法，女儿一路顺风，考中学时进了南京外国语学校。汪校长的精心栽培，有了成果，我尚不知道与父女汪老师早有缘，还是小学中学都同班的另一位女生点破的。

升到六年级，换了班主任、换了算术老师。班主任蔡老师教过我小姐姐，跟我母亲熟。临毕业前，她见我天天上课睡觉，晚上家访没见到我母亲（在四清工作队驻队），摸清我上床、起床和午休的时间，第二天找到我妈妈认真"告状"，怀疑嗜睡有病。母亲没法带我去检查，写个纸条，托父亲单位派人，带我去刚成立的江苏医院（后来改成省肿瘤医院）体检，结论是肚里有蛔虫。蔡惟玉老师是回民，单身未婚，我们原先不知道。她后来去水巷小学当了校长，那时我到农村插队了。再往后，同学们都有了工作岗位，有几个常去看望蔡老师。我最后一次与她交谈，是坐在公交车上，途中见她正走在路上，立即下车跑上前去问候，咕噜咕噜了好一阵。那时她还不满八十，不久听说她病故了。

最后一学年教算术的王秀荣老师，家住得远，挤公交车上下班。她原先不是教小学的，好像是在中技校任课，下放来教小学，一来就带毕业班，一开学就大补五年级的课，接着把六年级的课讲得有条不紊。她的课能抓住学生、抓住要点，同学间印象极好，好在没有一句多余的。这样的教学本领，当然不是一日之功，同学中如果有当老师的，足可以引为楷模。

学校的林静波校长，后来知道她是位军属，回想起来确实精明能干，可能是市里区里选中来抓重点的，朝着既定目标，一步一脚印地干。她来校以后，真是一年一大变。新的教学楼，在区里市里都先拔头筹。我们升入五年级时，就是新楼了。室外的乒乓球台，成排的单双杠，还有爬杆、秋千、浪船等，都日见增设。

　　林校长还兼我们历史课。若提小学的历史课，能留下印象的真没啥。可我还记得林校长讲工人运动罢工，画了波浪形的曲线，把1923年的"二七"放在最高点，往后是下滑形了。单是这一点拨，对我终生起过影响，当兵时独自去瞻仰林祥谦纪念馆，成年后又研究起"二七"的总指挥罗章龙，都会想起小学的那节历史课。林校长还讲课本上没有的故事，讲起蒋介石在西安被抓，全班同学听得入神。她把华清池讲成清华池，我当即举手更正，她问我怎么知道的，我说寒假里去西安亲戚家，去捉蒋亭玩过。那年月，普通人家孩子，没有机会出远门，同学们听说我坐一天一夜火车，纷纷投来羡慕的眼光。后来在一次学术会上，我见到华清池管理处的蒋主任，聊起儿时的那段插曲，他告我历史上"清华池"的记载也曾有过，一般人并不知道。看来，我的小显摆并不在点子上。

　　劳动课的王老师，所有老师中他年龄最大。他教缝纫课，除了平针、斜针、回针这些基本的走针走线，都能在黑板上画清楚，好像还有锁纽扣洞的方法，加以课堂练习，钉纽扣，让我学到了家里学不到的手艺。王老师的书法也棒，他不到班里上小课，而是在学校的操场上开大课，同时对十几个班的学生讲"柳骨颜筋"，架起小黑板当场演示。

　　上美术课的刘老师，校园的黑板报也归他负责，并指导高年级同学定期换。新的教学楼里，每个教室里前后两块黑板，正面的上课用，背后的出板报。我的印象中，进入中学也没小学时的黑板报活泼亮丽。刘老师的女儿，高我一届，他们父女俩登台演过"逛新城"的对唱，多才多艺没得说。刘老师的儿子，算我中学时的学兄，高我三届。退休后爱徒步野营，竟在一次意外中丧生，校友间震惊一时。

五老村小学有一桩事，特殊荣誉在全国小学界可谓独占风光。约1964年秋收期间，江苏出了个"活着的刘文学"少年英雄董云良，全国轰轰烈烈宣传的先进典型。小英雄是苏北某县的，来南京参加全省的贫下中农代表大会，会议期间做过两场专题报告，一次在南京当时最大的场馆——中山东路体育馆，全市小学派代表参加聆听，一次到基层小学，就是五老村小学。我们学校的操场上空前满员，本校生一个不缺，周边学校只能派代表来一起挤满操场，拉起扩音喇叭，引得围墙外人群拥挤，争睹小英雄。

我们班上的同学，有年龄相差较大的。那时没有义务教育，留级生常见，小学读个七八年的，不难碰上。留级生不全都是成绩差，总有家庭经济差、迁移转学等原因。凡成绩差些的，考不上正规中学，有上职业中学的，有留级复读六年级的，还有顶职接班父母岗位的，他们都比进了中学又去插队的同学早早当工人。偏偏有一阵刮"读书无用论"风，颠来倒去地批，在农村没上来的，心里最不平衡。1965年毕业那年，班上没考进中学的两个男生，不久就由街道上动员，去新疆支边了。其中一个叫张刘成，他父亲姓张，母亲姓刘，就取了这名字。他家卖春卷皮，逢春节前后特别忙，寒假一开学，他带春卷皮到学校，当零食，慷慨地分给同学们，后排邻座的最沾光。今天说起小学毕业就去支边，全不可思议，而当年并非怪事。

班里大龄男生数刘连福，没听说他留过级，就是上学迟了。他父亲是踩三轮的，上他们家玩，透过篱笆墙窥看那边的中学，一目了然。他喜爱毛笔字，我们会交换着用老式字帖。刘连福个高，体育课上接力、拔河，跟他同在一组就高兴。他憨厚，颇有大哥哥风度，北校门进来有一溜葡萄架，小个同学馋时，会鼓动他跳起去摘，或者扛起我们去摘。文革第三年吧,他就应征入伍了。部队回来当工人,怎么也该叫他老刘了。他一直保持着书法的业余兴趣,人闲不住,张罗着开书法辅导班。

五小往南不远有八一医院。原先总以为跟八一电影制片厂一样,是军队的就得叫八一,很久以后才知道,那是第八十一医院。院长的儿子高民,转学到我们班。他那老红军的父亲,曾被请到班上来讲革命故事,我一丁点印象都没,可班上的中队长却把"脑袋挂在裤腰带上"一句记得牢牢的。高民的双眉的内侧对称有旋,极罕见,让人一眼就认出,可年长以后却渐渐消退了。高民的大伯,是大名鼎鼎的高敬亭,近几年我几次听他讲起高敬亭被整肃的事,看似党史界的水落石出的故事,从他嘴里叙述出的纵横复杂,诡异般梦幻,知道革命队伍里另有利害,悬着的脑袋还得提防着前后左右。

同样是转学来的胡景北,成绩出色,自然是中队的学习委员。他爱下棋,我们成了好对手,当时流行的《棋类游戏三十种》,共同的指导手册,当然的精神食粮。去他家玩,他哥哥咕噜一问,他咕噜噜对答《水浒》中的一句,再"哦"一声,就知道我姓邓了。如此熟知《水浒》人物,再没见超过他们胡家兄弟的。胡景北中学时跟我同校不同班,他后来成为很出色的经济学学者,在德国拿了博士,安家美国,留着中国国籍,当过上海财经大学的兼职教授,应邀去日本讲《资本论》研究。他研究《资本论》的逻辑发展,讨论马克思下一步会去研究的课题是什么;瞄准后农业社会的特征,进入了他的著述重点。胡景北插队八年,留下极为丰富的日记,在全国知青中独占鳌头,晚年整理出来放在网络上,香港城市大学出版社的朱总,被惹得眼睛发亮,主动联系想出版,北京著名学者雷颐热情写了序言,却因出版经费不足尚搁置着。

当年家家多子女,邻里间的孩子们,同校同班的,一举一大堆。胡景北家跟我们家相似,兄弟姐妹都念完同一所小学去考同一所中学，老校友们讲起母校，谈家人"成串"，会举胡、邓两家为例。还有我们院的陈伯伯家，有个女儿去北京当舞蹈演员，她的妹妹、弟弟分别跟我的姐姐、哥哥同班，发小一路玩到老。

这舞蹈演员跟伟大领袖也特熟，可以当面挑逗老人家开心，说"伟大领袖打喷嚏——毛病"。我戴上红领巾那天，陈家的杨阿姨送我一小包拷扁橄榄，福建特产的这种蜜饯，竟成了我毕生喜爱的零食，完全顶替掉香烟。院里的金伯伯，小女儿金实跟我小学中学都同班，插队、当兵、退伍又一路同同同。她后来当了南京市里的干部，回母校看过，校方热情接待。而我只是路过校门口时，停下脚步，探头探脑看不够，再没进去过。

班上的男生女生总是各玩各的，不大在一起玩。男生几乎没有不到我们家玩的，我和王修平、夏小龙玩得最多。后来，我们仨分别考上一中、七中九中，都是重点中学，都没叫家里操心。王修平写毛笔字，一笔一划的"龍飛鳳舞"四字，守着祖传的规定作业。他随哥哥一起插队在高淳，熬到最后才返城，没有结婚成家就发了病，被家人送进精神病院，一去无返。我再见到他妈妈他哥哥，谈起往事，太让人痛心，修平从未过上舒心的日子，一天也没呀！家里穷，秋冬春三季，旧棉袄旧单衣轮换穿，再无第三件。我上他们家玩，他母亲曾提出到我们当来保姆，可以有一份收入。我把原话转告母亲，母亲没同意，说了什么理由我忘了。对我经常带这样的同学来家玩，家里人从来不反对。王修平的妹妹是外语学校创建时录取的第一批低年级学生，算是五小最早送出的尖子生，学法语，因家里穷，被同学们起了一个极难听的外号，我都不忍写出。

夏小龙最记得到我们家玩"拜把子"，一起爬上楼顶，先对天发誓，再揭开瓦，把签名的"誓言"纸条做永久珍藏。近些年同学聚会，回回重提"把兄弟"这档事。他插队后应征入伍，没有走后门，始终没有脱军装。夏小龙与同是五小毕业的何晓斌（文革中改名练兵），成了南京地界上车辆调度的双子星座，每有重大活动、重要接待，军车归夏小龙协调指挥，省级机关单位的大小车辆，则由练兵遣派。听两个"车大王"诉说那不分昼夜的值守，才知道别有一番甘苦呢。

何晓斌是在相邻的班上，考进中学才跟我同班，下了乡在同一大队（现在叫村），又同年入伍，他早我两三个月。他父亲本名姓练，战争年代一条腿受伤，被迫锯断，潜伏进上海，在犹太人的诊所里按了假腿，回到新四军根据地，改名何畏，坚持打游击。何伯伯也来学校，给我们讲过亲历的战斗故事。后来，何伯伯自家出纪念文集《独步集》，我有幸参与，尽力尽心，算是没白听他讲故事。

小学的少先队，小队、中队和大队，一条杠到三条杠，有一套不成文的规定。我和夏小龙，都只戴过一条杠，他比我强，正牌小队长，我还降半级，是副的。所以我常挂嘴边"这辈子当过最大的官就是少先队小队长，还是个副的"。自知不是当官的料！我们班上选出的三条杠没有变过，年年都是姜立志。他比我们稍大，也是家境不富裕而推迟上学。他们家几乎是我上学放学必经之地，随时钻进他们家玩，门前宽宽的鹅卵石路面，可以拉大车开卡车，向附近的菜场运送蔬菜。姜立志的家人见到我就称是住小洋楼的，他家虽然也有楼上楼下，也有前门后门，但那是城市平民自己搭建的，简易实用，与干部住宅的楼房完全不是一回事。姜立志的父母亲就在菜场工作，拥有丰富的做毽子材料——漂亮的公鸡毛和鹅毛管，适时地供给同学们。

临街而住的同学，不止 家。不记得某位男生的名字了，只记得他家住二楼，推开窗户往下看，就是来来往往的行人。他玩过这样的恶作剧：用长长的细线，一头系住零钱纸币，趁天黑路灯暗淡，把钱从窗口丢到路面上，细线隐藏着拉上楼，趴在窗口专等路人，每当路人弯腰捡钱时，眼看得手的瞬间，冷不防那张钞票竟飞舞起来，头顶落下一阵嬉笑……据说屡屡成功，戴眼镜的最容易上当。

　　姜立志爱吹笛子，爱唱歌，被新来的音乐苏老师看中，出演《我是一个黑孩子》男女童声对唱，先用浓油彩涂在身体暴露的部分，化妆成非洲孩子模样，"我是一个黑孩子，我的祖国在黑非洲，黑非洲，黑非洲，黑夜沉沉不到头，帝国主义老爷们，强盗瓜分了黑非洲……"歌声扬起，把全场演出推向高潮。歌声里的教化，效果奇佳，"反帝"的概念深深植入童心。而课堂上干巴巴地讲，当然就逊色多了。清楚记得六年级时，碰上赫鲁晓夫下台，原本普通的班会，班主任讲起最新的新闻，竟然提问"什么叫修正主义"，小学生哪能懂这个！正巧我们家的饭桌上，老爸曾诱导我们七嘴八舌讨论过，我现买现卖地把家里人的灌输搬来——"修正主义就是修改马列主义"，竟然说得字正腔圆，老师频频点头。

　　类似的"抢答"，还有更出风头的。课文上到"毛泽东给徐特立的信"时，开篇那句是"你是我二十年前的先生，你现在仍然是我的先生，你将来必定还是我的先生"，老师出造句"过去是……现在是……就来还是……"题，可把全班同学难住了，我灵机一动想到"东风压倒西风"，就三番轮现，塞进复合句中，顶替掉那三个省略号，一下成了同学们的模板，再无第二种造句出现。那时不可能追究全班一律的"抄袭"现象，多少年后我突然悟出，"狼奶"不全是硬灌，也有抢着喝比着喝的，小小孩无知，大孩子真就傻透了吗？说是要把人们血液内的杂质一点一滴挤掉抽干净，先得弄清怎么输进去的吧。

　　同是有点儿主见的男孩，好动好玩的故事多了去。班上的刘维维，带我们去他家玩，他妈妈刚生了小弟弟仍在月子中，头上扎着一圈头巾，弱弱地半躺半靠着。刘维维一进家门，放下书包就往他妈大床下钻，不一会儿双手捧出白白嫩嫩的一窝小老鼠，说是他和大弟弟一起养的，要观察小动物睁开眼了没有。还有石栓柱同学，口齿不算流利，不知怎么被起外号"shi-da-guo"（语出南京的方言，我不清楚书面写法）。一次上自然课，任课的是校教导主任，讲到野生的菌类果类，可能有毒，注意识别，书上有图，她也带了大挂图，又让学生们参与讨论，宋玉柱举手发言："老师，shi-da-guo 格有毒，阿能吃？"顿时哄堂大笑，教导主任并不知道同学间的外号，在一片笑声连问几遍，也没听明白是什么果子，教室的另一侧，石栓柱急得站起来，拼命喊"老师！老师，别听他的！"男生女生全笑翻了，教导主任哪头也压不住，闹不清出了什么幺蛾子。会使调皮点子的宋玉柱，成年后改名叫宋秀清，全然不见调皮样了。

至于女同学，我讲不出她们的故事，一大串名字若隐若现，多亏金实和顾忠玲，几次聊天，她们不断提到当年的小伙伴，帮我勾连起悄然淡去的芳名。男同学里，通讯录里留下的名字更多，本文没写出来的，还有好些。保持联系最勤的，要数胡景北。除了他回国时，我俩对坐畅聊，近两三年里，借越洋电话的方便，时常交谈共同关心的话题。他写的纪念英国《大宪章》八百年的有感之文，提纲挈领重谈影响世界历史进程的名篇，附上他重译的相关章节的译文，让人茅塞大开，"为了……秩序"乃《大宪章》的要义，人类社会稳妥发展第一位的任务，是要建立秩序、遵守秩序。小学建立起的友情，延续到今天，有这等硕果，不能不记下倍感欣慰的一笔。

时光无痕，渐渐进入老年生活，几个同龄人相遇，真格地忆起小学岁月，都会说那时的家长根本不用管着我们，完全不像今天的小学校，变着花样依赖家长搞配合。当年，我多次模仿母亲的笔迹，把家长签名的事蒙混过去，老师没发现。后来，轮到自己做家长，就向女儿传授"经验"，告她从第一回起就"代劳"，学会画上父母的名字，给老师留下先入为主的印象，打牢"基础"，主动权就在自己手里啦。至于什么家长会，我只记得死求活求过老爸，同去参加了一次。那天吃完晚饭，他点上一支烟，边走边吸，快到校门口了，突然扭头问一句:"你上几年级啦?"升学初考时,按所报志愿分组,由送考老师提前带队看考场,第二天一早在母校门口集合,一同去应考,根本没有家长的身影。我们那一组带队送考的是毛老师,她一天也没教过我们,五六名同学在她护送下,安全通过初考关,进入重点中学。

那次的作文题是"我的母校"。而迎考复习阶段,压根没见过半点辅导材料,算术就是多加各类型题目,谈不上题海战术,当堂练习,当堂批改。强化语文写作更简单,只请了宁海中学语文教研室的一位老师,口头辅导过一次。他提示不要乱堆形容词,现场举活例:教室里闷热吧,用"很热、热得很、十分热、非常热、热得要命"去形容,都不如这样写:"坐在讲台边,手里不停地摇着扇子,汗珠子还不断地往外冒。"

虽说临考,放学回家照玩,晚上照看小说,那时没电视呀。邻居中一位大哥哥,准备高考呢,他逗我:"我马上考大学了,都不复习功课,你考个中学,还用复习什么呀!"话音落下,我俩就玩开弹玻璃球。"小考小玩,大考大玩,不考就是玩"曾是那时许多"玩种"的口头禅。不知怎么渐渐绝响了,普遍空羡起外国孩子的欢乐童年。我不太认那些,等女儿长成后,念叨起熟悉的口头禅,拼命灌输贪玩好玩会玩的道道,鼓励她上课做小动作,传授不被老师发现的秘诀,提醒她别干扰课堂秩序、别影响邻坐同学听讲。

即将沦入日日回首往事,夜夜别无他事的生活了。细想小学那一段,非但没有特权阶层的小环境,不知不觉中获得与普通市民的自然交融;脚踩南京坑坑洼洼的小街小巷,同样呼吸到来自底层的空气;完全生活在社会少折腾的大环境下,没让父母多操心。我们每天蹦啊跳的,带有疯疯傻傻又风风火火,顺利地过来了。每次拿到成绩报告单,只要没个"留级"字样,就快乐无边地迎接明天。没想到好景不长,几年不折腾,酝酿的大动乱直扑而来。我还没到十四岁，一夜之间当上"狗崽子"，小学的伙伴们没有一个嫌弃我歧视我的。接着是年年折腾，不得消停，中学、大学的愿景全被冲掉了。自己没法替自己可惜。只可惜完整的小学阶段，值得纪念的实物，全没留下，连小纸片片都无存。唯有脑壳里的碎片，被丢得七零八落，还能拾掇起微带斑斓的几块……

拉拉杂杂写了不少，就此打住吧。

2022年2月下旬于南京

谢谢同学们的补正：

〖姜立志〗：现在想想，当时我们一个班中考重点中学录取率如此之高，那都是考场上真刀真枪的对决，学子们的努力，也得益于当时强大的教师队伍，点点滴滴记忆犹新。当然全班同学在各个领域也都有精彩的发展。

补充一些，当时的……音乐老师苏莉娜（美声，钢琴教学，当时很多小学没有这个条件，省音协秘书长苏永进的妹妹），体育老师黄秀荣，王秀梅，体校教练转来的。蔡惟玉语文，王秀荣数学两位老师教学质量，版书堪称一绝，在飞舞的粉笔灰中，不停的演讲，效率效果之好，印象深刻，为我们的成长起了决定性的作用。

高民办事都用右手，唯有乒乓球左手直拍，当时没有人能赢得了他。刘连福痴迷笛子和毛笔字，也取得了很好的成绩，当时我们的家庭都是勉强生活，没有实力去购买高档乐器……在这方面也都有扎实的基础。

〖胡景北〗：小学的感觉是幸福和愉快的。我们都不担心作业和考试，也没有父母的学习压力，下课就自己回家，路上往往就去玩了。那个时期，真是幸福，无忧无虑！

  我好像仅仅当了一段时间的学习委员。我应当好像三年级还是四年级转入五老村小学的。我的感觉，最后一年或至少一学期，我不是学习委员。其实，到了六年级，我的数学明显赶不上。那些应用题非常难。到了中学，学分式等，我是几乎不懂，反正很差。幸亏后来不学了，我的学习成绩不好（至少数学不好）的印象还没有形成。后来到农村插队时，因为学习马列，要懂点自然科学，于是把自己的和哥哥姐姐的数学物理等教科书找出来。那时候才发现初一的数学不难，而且很容易，自己就学会了。我猜想，是因为理解力强了。

八月半的回忆

——身为"二代"的一段自述

板着手指一数,足实过过七十个中秋节。而八月半的日子,可不止七十次,外加三次遇上闰八月,老来回忆八月半,自然得外加一层。

1957年是闰八月,我年幼,没记忆。1976逢闰,阳历闰了阴历又闰,秋后就听得疯传"两个八月半,人要死一半",眼瞅着老天收人,巨星接二连三陨落,仍不敢真信这民间的老话。入冬,家父病逝,不敢不信了。更有北京一亲戚来信,狠咒两个八月半,她父亲(1955年授少将)突然查出肝癌,正危在旦夕呢。到了1995年,又是闰八月,有说逢此年份,整年凶多吉少,不限前后八月之内。提心吊胆一整年,亲戚圈里总算平安,而镇国的"双峰政治"真就崩了半边;多少能验证民谚老调的,还有我关注着的罗章龙老人,正月头里就辞世了……此后,再未遇上闰八月,查了历书,重临人间得到2052年。不敢奢望能熬到那一年,还能容我辈去看什么景、去叨叨老糊涂鬼话。

如今回想,印象深刻的1976年,上世纪最奇特的年份,很多人的人生轨迹大改变,思想观念大转变,都同它有关。我个人此生,也差不多。

那一年3月,我退伍回到南京家中。八月中秋来得早,很想认真过一回儿时馋不够的节日,补补连队五年的寡淡。中秋晚饭后,约上老校友，人不多，都当过兵，带上月饼拎着梨，自行车一路晃到鸡鸣寺，路边公园人影清静，随处坐定，边啃边海聊起来。唐山地震后，防震弄成大事，自家搭的防震棚，兼顾着乘凉聊天。独处的小院本可放胆尽言，不承想被我母亲狠狠训过一次。她身为大商场的党委书记，教训我在家说话不像个共产党员，连带教训起登门聊天的客人，什么不像烈士后代呀，什么将来怎么接革命班呀……中秋夜溜出小院，找个能自由放肆的小环境，无非想说说大环境的那些揪心事。

刚刚过去的八个月，大环境太闹心，老远的天安门清场、中南海人物，靠近的省委大院、南大校园，不远不近的上海、苏州，处处有闹腾，路路传消息，咱哥儿几个再横添两句，半骂半猜半评的，估摸时局。说来也怪，那年头的城市青年，没结婚没恋爱的，十八九都这味儿，一副关心天下大事的劲头；这帮人老了，依旧当年模样，没见做成正经学问的，不知有谁著书立说，扎堆聊天互不相让，抱个手机建微信群，不用换话题，个个精神焕发。

难忘那次中秋夜，伴着明月爬升，看它初上东山，看它高挂头顶。带来能啃能咬的，全下肚了，掸掸衣裤，推起自行车，准备各回各窝，免不了又甩出一串话音：

"不出十天，会见分晓？"

"上上下下总不能老拖着嘛。"

"还玩算命呢……"

"就得算算，看十天后有什么日子，"

"你啥意思，想什么点子？"

"找个理由再聚聚，找个理由嘛，"

"我过生日，就在十八号，"

"正好，正好，管他妈的斗来斗去，咱弄点酒……"

"一言为定！到我们家来，叫老阿姨弄上一桌！"

趁着月色，蹬上车，摇几下铃，招招手，告别回家，倒头入睡。

第二天，正常去上班。下班前被告知将有重要广播，请注意收听。晚饭前，反反复复播，红太阳真的落去了。没敢细想下一步呢，昨晚刚见过面的一位不请而至，我失声叫道："哎呀，你猜得真准噢！"他摆摆手打住，"准了？""可能是你这头话音刚落……""可以想想，那会儿月亮有多高"，话音含义，人算不如天算。

九天之后，我们按原先说定的，为朋友过生日，中午碰面，以少许"二泉酒"下肚，相互哈了口气，闻不出酒味，便各自奔单位去，老老实实参加举国的追悼大会。因感觉哥儿们过生日的酒没喝痛快，只好再约定，等有高兴事临头，再聚，再喝。原不过老同学小工人间偶尔端一次杯，家常之举，哪知会撞上特定的日子，渐渐地，不提也就不再提它了。

世纪之交的某天，我出差在北京，赶上李普沈容夫妇要去京郊看望李锐，带上我同行。车过天安门广场，李伯伯用手一指城楼正中那副大挂像，笑眯眯地问：你对这位人物怎么看呀？我随手指向另一面，回答他：这大广场上有过一次空前绝后的追悼大会，那天，我是喝了一点酒去参加电视转播大会的。听沈阿姨"哦？"了一声，我继续说明，只因老同学提前约定，全不是故意碰高压线，全不敢触犯"禁酒令"，绝无其他用意。沈阿姨不放心，晚间返城途中还追问，喝酒有没有带来麻烦事。老实说，哥儿几个不声张，不胡吹，自然不会惹火烧身。

很快是"十一"假期，我们又去黄山玩。借西海的排云亭，凑了一首《清平乐·排云亭送晚》：

风萧暮迫，雁叫声声弱。
浩瀚烟云追日落，默瞻霞光余烁。

广连巍嶂岑峰，何愁不柱青穹。

夜降遥寻北斗，苍松愈显峥嵘。

　　当时有一番大言不惭的自注，大意是先表达出沉痛默瞻的心情，再怀悲展望，坚信于时局终趋明朗。说来也讨巧，我们下山没几天，就传来北京那边的"十月春雷"，应该就在闰八月的月半吧。不久，我给战友去信，还大抄游黄山的习作显摆。再后来，应聘新闻单位，又当个人作品呈递过——那都是后话啰。

　　秋凉愈来愈重，防震棚还没拆。我去以前住过的大院逛，老邻居们搬走了几户，儿时的一群伙伴，大多插队回城或当兵退伍，遇上能聊得来的，无话不说。在赖家的防震棚里，见到他家大哥，说起政坛走马灯，魔幻般地揭来批去，算是个人物的，香了臭，臭了香，横竖觉得事不在理，一句"恐怕得从彭德怀的案子翻起"，提前量不小，至今难忘。

　　那阵子，家里的客人猛地增多，南来北往络绎不绝，四面八方的消息，少不了一堆深宫秘闻。待人热情的家母，明显大幅转变，上半年进北京呆过三十来天，见过各种人，几个月缄口不言，终于有机会讲开了，除去见到李志绥一节存在肚里，事隔二十年才吐露，1976年的她，真是迎春吸纳，入秋绽放，年过半百好难得，跟夏天比，完全换了副肝胆。

　　当时，那么多人敢于说话、敢于直接议论大人物，彼此并不察觉叛逆，也不当作异向反思，更不会有谁自诩先知先觉。人们一面谈笑朝夕新闻，一面期待天下大治。人心所向，大势所趋，逐渐显出社会常态。日后回想，重要客人走后，常丢下有分量的话，甚至不乏"高处不胜寒"飘来的雨露。记中有两句特入耳入心：一是中枢机要行走圈里的客人说，上"新纳吉"家瞧见子女抱着马列欲啃，老爷子发话拦着，让读读其他书；再是多年任职省部级的大佬们有议论，得走出两个圈圈子，民族才有希望。啥叫两个圈子呢？很快意会了，言简意赅，一时还不宜讲穿，戳个大窟窿，洪涛涌起怎么堵啊，得慢慢走出去，困在里面肯定不行。正牌的老资格老党员，无不忧心忡忡，毕生信仰的、依靠的，无不指望有所发展，有所交代。

那一年的闰八月至 10 月下旬才结束。父亲一扫十年郁闷，连日兴奋，引起心绞痛频发，准备住院检查治疗。离家前一天，我陪他出门洗澡，路上他说起想回长沙老家看看，又说到祖上排辈份，有"立以德为先"一句，我记住了。隔四十五年回想，这是他唯一一次对儿女讲老家的乡绅自治，按他信奉的观念衡量，属于破不掉的传统意识。还有，他住院前与客人交谈时我胡乱插话，他侧过脸来诘问：你知道恩格斯为什么说杜林不学无术吗？这一句，我也记住了。记住父亲最后的话，对我影响很大。

父亲想回老家，跟杨荣国有关。上半年，杨荣国在北京住院治疗膀胱癌，父亲到北京检查身体，特意上医院去看望他。这是他们自 1938 年分手以后，难得的又一次重晤。相隔 38 年，战争期间连通信也断了，和平时期杨家大女儿旅行结婚到过南京邓家，邓家小儿子云游四方去过广州杨家，1963 年在北京开全国性的社会科学工作者会议，可能两人都去了，没有机会畅谈。1973 年，杨荣国因夫人溺水去世，受组织照顾外出散心，专程来南京，到我们家做客，父亲和他畅叙旧情。两家世交，祖辈就是街坊，同为纸业学徒又自立门面经商，杨家开"松和祥"，邓家开"以大"，都是纸庄。杨家的掌柜管家是我爷爷的妹婿。杨荣国的弟弟叫杨润湘，我父亲自幼的同学、好友，又介绍父亲加入中共，却被怀疑为扎派，与另一介绍人一同被党组织无情甩掉。杨润湘在抗战中病故。我父亲交代个人历史，一向以杨荣国为入党证明人。因此造成长期误传，说我父亲由杨荣国介绍入党。1976 年 5 月以后，天安门广场平静下来，杨荣国在医院呆不住了，南下回广州，中途停长沙，回老家看了看，还应邀演讲一场。演讲记录稿寄我们家,父亲看了摇头,不说什么。我也翻了,看到继续批孔,把现实政治牵强挂上,让人无法读完。杨伯伯信中讲到老家的情况,父亲动心了,也想回去找找自己当年发表过的文章。杨荣国两次劝父亲出来写点东西,讲得很淡,没有具体的选题范围。父亲并没有全听进去。我们问过他,今后是不是准备再写点东西,他回答可以到邮局门口摆个"代写书信"的小摊。上面这些,我都清楚,几乎历历在目,很长时间才品出个中滋味。杨荣国等前辈形象,耸在眼前,强烈的前鉴,在那阵子能抬头看清,并不难。说起父亲的愿望,回故乡,找旧作,没能实现,多年后才由我陪着妈妈去湖南,认真补上。

父亲入院不久,不幸去世。从那个冬天起,我开始帮着母亲,料理家里家外大小杂事。人生的转变着实从家国不幸开始,却又并不限于某一年。别有意味的是,春天里我摘下领章帽徽,到家不久就吃老妈的警告:怎么像个油条兵!冬天了,我在连队的老指导员找上门来,那是个"没一点正经像"的基层当家人,被连队哥儿们揶揄,不是吃大米饭而是吃摇头丸长大的"活宝"。母亲同指导员交谈几番后,开始认同他对我言传身教五年的实效。其实,人与人的认同感不用外露,一路伴着春去秋来,就够了。可不是嘛,春夜里指导员送我告别军营,火车站前,他那句悲情的大实话——"你走得好呀,我们留下来,今后还不知道谁打谁!"——哪能不入心呢。彼此识得大体,自珍前程吧。我退伍时,连队已奉命整编解散,我配合着指导员到最后一站。送别全连战友,他很快改行,不搞政工搞军事业务。我先已选择回地方学技术,不走文科路。我们俩,彼此都赞同对方的抉择。

为着1976年,曾有两三篇文字补记,提过"两个八月半",可落点多在他人身上,不涉及思想观念与人生命运的转折。年复一年,"高寒"洒下的雨露,依然萦绕心头。自家子女读什么书,民族必定会走出两个圈圈，似乎不再是问题。思考只落在——所有人读什么书，都不应该成为问题；"娜娜出走后怎么办"，民族走出圈圈后会迈向何方——是自由选择，还是凭东方西方的圣明去设定？顶着苍穹银辉，依然难诉一衷。此生第七十个中秋皓月又高悬晴空，太多的难以释怀压抑着，趁尚能记忆，一键一键敲出……

2021 年中秋夜初稿，隔日修改

附录的说明代后记

  加编的四篇"附录",着手排版页面时并未列入,排着排着,一步三回头,想法多起来——既然叙述连队的人与事,交代完整些,才符合自编的本意,符合朋友鼓励的提意。
  追加的文字,来自文件夹存稿,某些内容不止一次述及,再次附上,可以精简却没去做,有点对不住读者,明摆着啰嗦了。
  想法多,无非是想把一连战友的"前天""昨天""今天"说得亮堂些、完整些,就以叶宁、陈庆他俩独具的亮色,串起难忘的点滴,不限于军营那一段,让时空稍延伸,展示一下众多战友离开军营后的光彩焕发。
  既然从前天、昨天,跨到今天,又连带出入伍前的一大段,并加上退伍那一年的实况,顺理成章地写到自我,毕竟是个人的回忆。漫长的一生经历,能够回首起点,接着回首转折点,自我感觉,段落分明。至于转折之后的步履足印,如何接着回顾,那是往后再去补充完善。
  为啥会念念于回顾再回顾呢?只因心存感激,必须感激帮助我走到今天的每一个人。了解1976年以前的我,数我自己,小结1976年以后的我,靠我自己;自己之外,不断有朋友鼓励的话语,甚至不乏语重心长之音。正如此,听我断断续续点点滴滴絮絮叨叨过的朋友,有同辈的,也有忘年交的长辈,还有新生的晚辈,毕竟我也年过七十。

最记得今年春上在上海，与朱学勤、李大兴欣会，海阔天空半日，大兴兄又赠阅北京出版社的《诗与远方的往事今宵》回忆文集，他在"前言"中说：

> 内心深处总有另一个声音在提示我：我有一个梦，也有一种责任，记录我度过的时代、曾经有过的……

引出的原文并没有省略号，是我换上的。大兴说出"曾经有过的诗与远方"就打上句号了。

我能依样画葫芦吗？不敢照搬，也不能照搬。

穿过的光阴既一样又不一样，烙在不同心灵上的印记，散发开的欲求与叹息，各有一言难尽。经历背后的旋律，依旧风声雨声，岁月还在流逝。

今天犹能絮絮叨叨的健者，皆为上世纪风云激荡的后来人，无可讳言，大多属于从建党到建政，卷入国民革命、共产革命的"二代"们，一个个不顾即将垂垂老去，争着说红道白，言罢初心谈辉煌。在追述父辈的大演唱中，曾听到两个声音，两位代表人物的背景及经历与我颇相似，所以特别在意。一位说，我们不能事后诸葛亮地评判父辈们的选择，1949年以前就是救国救民的艰难探索；一位说，首先要看到上世纪的中国革命不是内生内发的，而是外来输入的。一个尚抱有希望，对总结经验教训，沿着党内正义的主流延续下去，会赢得长治久安；一个则反问，我们的父辈何功之有？怕是连忏悔和补偿人民的机会都没有喽。他们太出众，真具有典型性。

不同的"反思"思路，早就让我也有所接触，一直在供我再思。退伍后的第一个年头直到今日，绝不是"诗与远方"，尽是无奈的苦涩与变了法子的调侃，混合在记忆中，很想借机简述几句。但又不成熟，距离想透了还差得远，只好继续把苦涩揣着，不敢多讲。

当时代打开一道阔缝以后，幸运之子常一种心境——长怀感恩之心，惦着写作梦想。我也同样。岁月静好的若干年间，一直不能忘怀往事，每每与人谈到兴头处，饱受鼓励极想去敲键，便一点一点地努力来完成。

十年前，在与连队战友中的写作老手张聚宁的书信中，我谈到自己于"瞎摸瞎碰"中踏上"一条崎路"，仅在说明自家出书"全流程出自一人之手"。这次《连我心连》，几乎还是这套玩法，只是热情帮助的朋友大大增多。自编小书若能以一种新面貌呈现，衷心感谢朋友们的同时，也希望读者朋友、特别是老战友们原谅"一人之手"的疏忽与差错。

最后，一定要表示对乔晞华先生的诚谢，他在大洋彼岸给予的帮助莫大，使小册子能成为标有国际书号的正式出版物，大大超出我的预期值，谨此请接受真诚的谢意！

2025年7月下旬于南京

www.ingramcontent.com/pod-product-compliance
Lightning Source LLC
Chambersburg PA
CBHW022221090526
44585CB00013BB/671